JN257765

歌舞伎四〇〇年の言葉

学ぶ・演じる・育てる

堀越一寿　編著

げい‐だん【芸談】

芸道に関する話。主として芸の秘訣や苦心談をいう。

（大辞林 第三版）

はじめに——歌舞伎の、その深奥へ

はじめまして。まずは本書を手にとって頂き、ありがとうございます。

こうしてページを開いて下さっているということは、あなたは日本文化、歌舞伎、演劇に興味のある方だと思います。もしくは様々な名言集などにビジネスや生き方のヒントを求めていらっしゃる方でしょうか。ならば、もう少し読み進んでみてください。あなたの求めるものが、きっと見つかるはずです。

まずタイトルにある「四〇〇年の言葉」についてご説明します。

ここで言う「言葉」とは「芸談」のことです。芸談とは、芸能に携わる者が長い舞台生活を通じて培《つちか》った自らの演技論や人生哲学を記録したものをいいます。最も有名なのは能楽《のうがく》の天才、世阿弥《ぜあみ》が遺した『風姿花伝《ふうしかでん》』でしょう。その言葉は能楽の枠を超えて、ビジネス指南書や人の生き方を示すものとして、世代、職業に関わらず広く読まれ、関連書籍も数え切れないほど出版されています。一流の結果を残した人の言葉というのは、その専門分野を超えて多くの人に響くものなのでしょう。

さて、本書で取り上げるのは歌舞伎の芸談です。世間一般には余り知られていませんが、実は日本が誇る伝統芸能、歌舞伎にも多くの芸談が残されているのです。ただし、歌舞伎の芸談は『風姿花伝』のように一冊の中で体系化されていません。個々の俳優の言行録《げんこうろく》、逸話集《いつわしゅう》のような形式が多く、素晴らしい内容がある一方で、単なるエピソードの域を出ないものなど、誤解を恐れずに言えば、玉石混淆《ぎょくせきこんこう》の状態なのです。そのため、すでに知見のある歌舞伎俳優が自身の勉強のために参考にするか、よほど熱心な歌舞伎ファンでもなければ触れる機会がほとんどないのが現状です。

しかし、これらを江戸の昔から現代まで広く俯瞰《ふかん》してみると、あらためて名優たちが残した言葉の豊かさに驚かされます。どれもが優れた演劇論であるばかりでなく、現代に生きる私たちにとっての学習論、仕事論、教育論、リーダー論として……大きく頷き、思わず「なるほど！」と声に出したくなるようなものばかりなのです。『風姿花伝』にも劣らぬ叡智《えいち》が詰まっていると言っても過言ではないでしょう。それがこのまま一部の歌舞伎ファンだけのものであるのは、余りにもったいないではありませんか。

そこで本書では、芸談をできる限り広く見渡し、体系的に整理することを試みました。それが本書の副題にある「学ぶ、演じる、育てる」です。というのも、これは歌舞伎俳優の一生そのものだからです。幼い頃から親や先輩に学び、舞台で演じ続け、やがて、自分たちがそうであったように、子や後進を育て、芸を受け継いでいく。伝統とは、その繰り返しの中で進化し、時に淘汰され、残ってきたものだと言えるでしょう。

さらに広げれば、それは私たちの人生でもあります。学び、働き、次の世代を育て伝えていく。その繰り返しは、人の歴史そのものです。

いま、こうして多くの芸談を俳優の人生になぞらえて整理したことで、バラバラに読んだ時とは異なる相乗効果を得られたという強い手応《てごた》えを感じています。

さあ、ここからは約四百年にわたり歌舞伎を支えてきた多くの名優たちが導き手になってくれます。そこにある普遍的価値、あるいは多様性。それは今を生きる私たちにとっても、深い示唆を与えてくれるものです。

では、その扉を開けることとしましょう。

第三章 育てる―― 203

凡例

①古文もしくはそれに類する文章で書かれたもの（主に元禄から明治までの芸談）は編者が現代語に翻訳しています。翻訳は理解のしやすさ、読みやすさを優先しています。原典の文章については巻末の参考文献をご参照ください。

②旧仮名遣いはすべて現代仮名遣いに改めています。

③「セリフ」と「台詞」など、表記ルールは複製使用元の用法を優先しています。そのため同じ言葉で表記が異なるものが混在しています。

④本文中、歌舞伎俳優の生没年を記載していますが、平成二六年末現在活躍中の俳優は代数のみを記載し、生年は記載しておりません。「役者に年齢なし」といい、舞台を見るのに年齢はむしろ余計な情報だからです。

⑤当代坂田藤十郎は厳密には四代目に該当しますが、襲名の際「初代坂田藤十郎の魂と和事芸を継承する」という志のもとに名跡を復活させ、あえて四代目とは名乗りませんでした。その志に敬意を払い、本書においても代数は記載しておりません。

第一章

学ぶ

昨日より半歩でも前に

芸というのは、漆器を作るように薄く漆を乗せて、その上にまた薄く漆を乗せていくようなものかもしれません。ところが、その漆が、なかなか乗らないのです。

毎日毎日、昨日より半歩でも前に進もうと思うその心がけが、「芸」の上では何よりも大切なのではないかと思います。（中略）

芸というものは、いろいろな事を自分が体験したり味わったりしているうちに、自然と蓄積されたものから発酵して出てくるものなのかも知れません。いろいろなものを拝見できたり、食べられたり、そういうことの積み重ねなのでしょう。

――**四代目中村雀右衛門**《じゃくえもん》（一九二〇―二〇一二）

ここで一言！

四代目中村雀右衛門は晩年まで可愛らしい姫が似合う俳優でした。常に前進しようという心がけが、それを可能にしたのかもしれません。

先を争うのは怪我のもと

役者稼業というものは、せまいハシゴ段を一段ずつ登っていくようなもんや……気をあせっていっぺんに三段も四段も飛んでやろうと思うたら、きっと転げ落ちて怪我をする。人と先を争うて登っても、足をすべらしたら怪我のもとや。それではなんにもならん。そんな時は相手に道を譲って、一段先へ登らせて、自分はそのあとから、ゆっくりとついて登るに限る。（中略）後から追いかけてくる人があったら、勝手に追いかけさせておくに限る。その人にうしろからお尻を押してもらえば、かえってその力で自分も自然と、一段ずつ登れるのやさかい……私はいつもこう考えてました。

——**三代目中村梅玉《ばいぎょく》**（一八七五—一九四八）

ここで一言！

三代目中村梅玉は大阪出身の名女形です。戦後、歌舞伎通で知られたフォービアン・バワーズ（マッカーサーの副官）が名指しで配役を指定したことすらあったといいます。

素直に努力する者が勝つ

子供役者の時分に、相当に確固としていたものが、後世にかならずいい役者になられるというものではなく、反対にぼーっとしていた者が、かえっていい役者になったりするものです。これを一口に運と言ってしまえばそれまでですが。（中略）つかみどころのない運に任せるよりは、どこまでも一生懸命に、素直に努力していく者が勝ちになるのです。

――**七代目市川中車《ちゅうしゃ》**（一八六〇―一九三六）

ここで一言！

七代目市川中車は一般家庭の出身でしたが、親の芝居好きから子役になり、芝居の道を歩みました。その経験からくる言葉なのでしょう。

「精一杯やる」とは

寝ても覚めても工夫を考え、稽古を積む。「精一杯やる」とは、そういうことでしょう。そして、舞台では心を落ち着け力を抜く。稽古を尽くしていれば、力を抜いても間が抜けるなんてこたぁありません。逆に、舞台に立つ時ばかり力一杯というのは、汚く卑しいもんで、お客様をガッカリさせることになっちまいます。

――**杉九兵衛《くへえ》**（十七世紀後半に活躍）

ここで一言！

杉九兵衛は老女役を専門とした「花車形（かしゃがた）」と呼ばれる役者。今と違い歌舞伎草創期には役柄が相当に細分化されていました。

役が付かないときに

何事も蓄積が大事。役が付かないとばかばかしくてやってられないと思うかもしれないけど、野球でファームから上がって来て、一軍のベンチに座っている間に、相手のピッチャーのことをちゃんと頭にいれておかなくちゃいけない。監督から行けと言われてあたふたしてたんじゃだめなんですよ。

――七代目中村芝翫《しかん》（一九二八―二〇一一）

ここで一言！

七代目中村芝翫は古風な風貌と規矩正しい芸の女形として活躍。確かな腕前で昭和から平成の歌舞伎の礎を築いた一人です。

端役に魂を入れる

たとえ通行人のような端役《はやく》を与えられても自分の人物をつくるべきで、そうすれば通行人にも魂が入るというわけだ。そのためには、ふだん表を歩いていてもボヤッとしていないで、人の着物の柄、歩き方、奇妙な格好をした人、その他森羅万象、舞台で応用できるものがいくらでもあるから、それをよく覚えておけという。

——**七代目尾上梅幸《ばいこう》**（一九一五—一九九五）

端役
通行人など直接芝居の物語には関係しない登場人物。

ここで一言!

特に世話物（せわもの）と呼ばれる庶民の生活を描いた演目では、出演者の隅々まで行き届いた生活感を出せるかどうかが重要な要素になります。

言われるうちが花

私たちの若い時分には舞台上で上の役者さんからさんざんに小言を言われる、御見物《ごけんぶつ》にも聞こえるような大きな声で大根を食わされる。悪いところがあるなら教えていただきたいと言っても、けっして教えてもらえるものではなく、些細なことでも「自分で考えてみろ」と言われる始末で、たった一つのしぐさを教わるまでには泣きの涙をこぼしたものですが、いまどきはそんな苦労をさせられる人はありません。

また私たちにしても、言ってやったところで覚える気のない役者なら、憎まれ者になるだけ損だというような心持ちになって、若い時代にはずいぶん皮肉も言った私ですが、今ではなに一つ言ってやる気も出ないようになりました。

——七代目市川中車《ちゅうしゃ》（一八六〇—一九三六）

御見物
観客のこと。

大根
「へたくそ」を意味する罵声。

ここで一言!

いまも舞台で小言を言ったり、観客にわからないように注意を与える先輩俳優の話があります。

芸は盗めない

貧苦に喘いでいるとき、金銀なら盗むこともできる。道に落ちていることもあるかもしれない。だが「芸」ばかりは盗もうと思っても、拾いたいと願ってもどうにもなりゃあしない。この道理をわからないようじゃあ、無知で下手な役者と言われてもしかたないね。

——初代坂田藤十郎《とうじゅうろう》（一六四七—一七〇九）

ここで一言！

初代坂田藤十郎は、上方和事（かみがたわごと）と呼ばれる、恋模様を柔らかみを持って描く芸の元祖と言うべき名優です。長らく絶えていた名を、当代坂田藤十郎が和事隆盛への情熱を込めて復活、襲名しました。

ひとの芝居を見る

元来、役者という商売は何事によらず注意をしてよく見ておくことが、いつか舞台の上に役に立つのですから、踊りと義太夫《ぎだゆう》はいうまでもなく、鳴物でも唄い物でも、つねに稽古を励んでおくのは結構ですし、その上に他人様の芝居を見ることがなによりの薬になります。

――七代目市川中車《ちゅうしゃ》（一八六〇―一九三六）

義太夫
人形浄瑠璃（文楽）の語り芸。

ここで一言！

歌舞伎俳優の子は三味線、鳴物、踊りなど小さな頃から稽古を開始するといいます。その素養を幼い頃から育てるのも伝統の一つなのでしょう。

いいお手本を学ぶ

何事に限らずいいお手本を学んで、第一に舞台の行儀をよくすることを心掛け、その日その日の気まぐれでなく、毎日同じ芸を操り返して見せられるように、前もってよく練習をしておく用意がなければいけません。

――**七代目市川中車《ちゅうしゃ》**（一八六〇―一九三六）

ここで一言！

七代目市川中車は門閥外から幹部俳優になった努力の人。劇聖と呼ばれた九代目市川團十郎門下で腕を磨き、晩年まで活躍しました。

まずは楷書から

およそ文字を習う人はまず楷書《かいしょ》から始めて草書、行書とやるのが順序ですが、芝居もその通り、最初にこれを心得ておかなければ崩すことはできないわけになるので、本格のことを習っておかなければいけません。

――六代目尾上梅幸《ばいこう》（一八七〇―一九三四）

ここで一言！

六代目尾上梅幸は、明治の五代目尾上菊五郎の子。女形を中心に活躍し、弟の六代目尾上菊五郎とともに昭和初期の歌舞伎を支えました。

手本は良いものから

これはよく楽屋内で出る話ですが、初めに小芝居から見覚えた人は、大芝居の役者の芸を見ると、何だか頼りなくつまらなく思えましょうが、反対に大芝居から見覚えた人は、小芝居の芸が臭く見えてたまらないものなのです。例えて言えば、悪い酒から飲み覚えた人は良い酒はぴりっとこないが、良い酒から飲み覚えた人は、悪い酒を飲むとすぐ頭へぴんとくるようなわけで、芝居にしてもお手本は必ず良いものから始めなければならないと思います。

――六代目尾上梅幸《ばいこう》（一八七〇―一九三四）

楽屋内
芝居関係者を指す。

大芝居
現代の歌舞伎座のような格式と歴史のある劇場での芝居。

小芝居
神社の境内などに仮設された小屋で行われた芝居。

ここで一言！

この芸談はもちろんその通りですが、昔の脇役たちは舞台が休みのときは小芝居に出て主役を演じ、そこで腕を磨いたという話もあります。

女らしさの手本

女形《おんながた》は傾城《けいせい》さえ上手に出来れば、他の役もうまくなるものよ。何しろ元が男なんだからキッとした部分は生まれつき持ってるでしょ。それに比べると男が傾城のあどめなくてぼんじゃり（柔らかく、おっとり）とした風情を出すのは、たいていのことじゃないわ。だから傾城の稽古を一番大事にしなきゃいけないのよ。

――**初代芳沢あやめ**（一六七三―一七二九）

女形
歌舞伎では男性が女性を演じる。その総称。

傾城
遊女のこと。

ここで一言！

「傾城」とは、もし殿様がその魅力の虜になれば城の身代までが傾いてしまうということで、こう呼ばれました。

先輩の脇役に出る

力が同じ程度の若手同士で芝居をしても、芸のレヴェルが低いですからね。だけども、大舞台で先輩の居並ぶ前で芝居をするのは大変な勉強になります。取り次ぎの腰元で「申し上げます」の一言でも、うまく言えなければ舞台がこわれますからね。あとで何を言われるかわかりません。だから青年歌舞伎の「道成寺《どうじょうじ》」よりも大舞台の腰元の方が、何十倍もむずかしく、ひどく緊張しました。まあそれにしましても、今振り返りますと、あの時分に役をやらしていただいたことがどれだけいまプラスになっているかということなんですね。

——**六代目中村歌右衛門《うたえもん》**（一九一七―二〇〇一）

腰元
武家における女の召使いのこと。

道成寺
舞踊「京鹿子娘道成寺」のこと。

ここで一言!

六代目中村歌右衛門は昭和を代表する女形で、現在活躍する俳優にも多大な影響を与えました。

先輩の芸を見覚える

およそ役者渡世をする者は、先輩の舞台の芸をていねいに見覚えておくことが、なによりの修行であるのを体験して、私は口の酸っぱくなるほど、いつも若い人たちに、先輩の芸を見ることを勧めています。

——**七代目市川中車《ちゅうしゃ》**（一八六〇—一九三六）

ここで一言！

一つの演目を様々な俳優で見ることで芝居の奥深さや、俳優ごとの芸の違いがわかり、より芝居が楽しめるものです。

悪いことは誰がしても悪い

團十郎《だんじゅうろう》（九代目）、菊五郎《きくごろう》（五代目）が死んだとき、後に残った弟子たちの舞台を見ると、團十郎の弟子はみんな前屈みになって出てきたのに反して、菊五郎の弟子はみんな反り身になって出てきた。これなどはおかしな例ですけれども、いずれも師匠の悪い癖を取って、良いところを少しも使っていない一例になります。良いところは真似はしてもらいたいですが、悪いことは誰がしても悪いのですから、気をつけなければいけませんが、とにかく真似というものは、必ず悪いところを取るのが、しきたりのようになっているのは、嘆かわしいことだと思います。

——**六代目尾上梅幸《ばいこう》**（一八七〇—一九三四）

ここで一言！

九代目市川團十郎、五代目尾上菊五郎は「團菊（だんきく）」と称され、現代まで語り継がれる名優です。

教わるのではなく覚える

「芸」というものは、教わるものじゃなくて、覚えるものだということが、誰の頭にもしみ込んでおりました。今時のように、立者《たてもの》の舞台を、下回りが勝手なところに突っ立って見てるなんてえこたァ、できたもんじゃありません。手のすいてる役者は、みんな幕だまりへかしこまって、まばたきもせずに見ていたもんですよ。芝居を覚えるにはこうするよりほかにねえんですから、どうしようもなかったんで。……いつも、幕だまりは一杯でした。

――**四代目尾上松助《おのえまつすけ》**（一八四三―一九二八）

ここで一言！

幕だまり、とは舞台の上手と下手の端の空間。今も熱心な若手は黒衣（くろご）を着て先輩の芝居を見ているそうです。

立者
幹部級の俳優のこと。

下回り
幹部俳優の弟子。主に後見や通行人などの端役を演じる。

お客様から教わる

すべて役者は、自分の考えどおりにするのが良策にはちがいないが、見物《けんぶつ》に教えて頂くこともまたずいぶん大切だと思います。ことに常日頃から芝居を研究してよくご覧になる方々の眼は、太陽のように輝いていますから恐ろしいものです。私どもはこんなお話や、ダメをふんだんに聞かして頂きたいと思います。

――四代目澤村源之助《げんのすけ》（一八五九―一九三六）

ここで一言！

四代目澤村源之助は「田圃（たんぼ）の太夫」とあだ名され、多くの尊敬を集めた女形です。現代でもレコードから復刻されたCDで、そのセリフを聞くことができます。

見ているうちに判る

芝居というものは、暇があったら見る、年中、芝居を見る。見ているうちに判ってくるんです。人に、初めっから教わっていてもね、なかなかできないいし、判らないもんなんです。が、見ているうちに、はっととひらめくというか、判るときがあるんです。それも何年も経ってなんて場合もありますよ。「あっ、これだ！」とね。

——**二代目中村又五郎**《またごろう》（一九一四—二〇〇九）

ここで一言！

二代目中村又五郎は名優の初代中村吉右衛門の膝下で修行を積み、晩年には脇役として人間国宝に認定されました。

先輩へのあこがれが原動力

ほんとうに三つ子の魂百までなんですよ。小さい頃に見た名優たちの舞台を、ああ、いいなあとどこか覚えている。いい役者、いい先輩の夢を見ている。それが大事なんでしょうね。もちろん、それだけじゃダメで、勉強して、教えてもらって、そこに自分のいろんなイメージが重なってきて初めてできる。難しいんですよ。特に古典はね。世の中と同じで思うようにいかないんです。

――五代目中村富十郎《とみじゅうろう》（一九二九―二〇一一）

ここで一言!

五代目中村富十郎は「温故知新」の言葉通り、古きに学び、現代にそれを活かすことができる名優でした。

古典
主に江戸時代から明治初期までに書かれた芝居を指す。

客に媚びない

若い頃はかたくなに料理屋なんかには足を向けなかったね。そこでお客に会ってごらんよ。どうしても近づきになりたいと思われてしまうし、断れば嫌な思いをさせてしまう。最近になって何軒かご贔屓のところへ行きもしたが、一度きりだよ。なぜそこまでこだわるのかって？　そりゃあ人の太鼓持ちをするような気性じゃあ、芸で名を上げるなんて一生無理だと思うからさ。

――初代坂田藤十郎《とうじゅうろう》（一六四七―一七〇九）

ここで一言！

初代坂田藤十郎の時代は、役者が贔屓の客の座敷に出るということも珍しくなかった時代。この芸談は当時の人にとっては異色だったのでしょう。

お客様を大切に

私は見習うべきだと思いつついまだに出来ないのですけれど、ものを食べに行って、居合わせたお客が「あ、羽左衛門《うざえもん》（十五代目）だ、橘屋《たちばなや》だよ」というのが耳に入ると、おじさんは食べ終わってそこを出る時に、「お先へ失礼します。ごゆっくりどうぞ」と必ず挨拶をなさいました。見ず知らずの人なのに、さっきの私語を小耳にはさんでていねいに挨拶をして出て行く。瞬間奇異な感じを受けましたが、お客様大事と思ってのことでしょう。これですから誰からも好かれたのは当然のことです。

――**三代目河原崎権十郎《ごんじゅうろう》**（一九一八―一九九八）

ここで一言！

初代坂田藤十郎と正反対とも言える逸話。現代の私たちから見ると、どちらがより参考になるでしょうか。

十五代目市村羽左衛門
伝説的な二枚目役者。大正、昭和と活躍。

礼儀を守って教わる

やはり、初役《はつやく》のときは、先輩から教わるのが大事です。教わるにあたっては、謙虚さ、学ぶという姿勢がなければいけません。教わったからには、とにかく一回はちゃんとそのやり方でやる。次からは工夫を加えていく。一回きちっと礼を正して、教わったやり方でやるのは、とても大事なことです。

――十代目坂東三津五郎《みつごろう》

ここで一言！

先輩に教わったやり方を、初演のときは崩さず演るのが礼儀。この習慣は長く歌舞伎の世界では大切にされてきた価値観です。

初役
初めて演じる役のこと。

本当のことを覚えるなら

本気で教わりに来るのなら、義太夫物であれば義太夫の三味線弾きを連れて来て、間を合わせるところなどは、繰り返して稽古をして行くくらいな意気がなければ、しょせん本当の事は覚えられるものではないのです。

——**七代目市川中車《ちゅうしゃ》**（一八六〇—一九三六）

ここで一言！

「義太夫物」とは、文楽から歌舞伎に輸入された演目。元は人形のために書かれた芝居なので三味線と太夫の語りに合わせて演技をする場面も多いのです。

何度でも聞き直す

現在では若い人たちが、古い歌舞伎芝居をする時には「昔の型を教えてくれ」と言ってきますけれど、どうも今の役者は昔の人に比べて熱心が足りません。同じ教わりに来るのでも、一とおりの手順だけを話すともうそれですっかりわかったような気になって、礼を言ってどんどん帰ってしまいますが、どうしてどうして芸というものは、そんな生やさしいものではありません。一つ事を幾度も幾度も聞き直して、形のむずかしいところは教える人を立たせて、自分もともどもに立って、練習を重ねてみるくらいな気持がなければいけません。

――七代目市川中車《ちゅうしゃ》（一八六〇―一九三六）

ここで一言！

現代ではさらに映像が発達していますから、こうした弊害は多くのベテラン役者が指摘しています。要は便利な道具をどう使うのか、というのが肝腎なのかもしれません。

言われたらすぐ直す

師匠の鴈治郎《がんじろう》（初代）はよくこんなことを言ってました。楽屋では必ず、おはようさんといって立者《たてもの》や先輩の部屋へ挨拶へ行きます。そのとき、ただ、しきたりで頭を下げてくるだけではいけない。前日のダメを出してくれる。それをその日、その日に実行すれば、だんだん完全なものになる、と。

これは後になって言われてもピンとこなかったりしますし、演っているときに言われてすぐ直せば、決して忘れることはない、という気持ちでしょうが、いい話だと思いますね。

――中村松若《しょうじゃく》（一九〇九―一九七九）

ここで一言！

初代中村鴈治郎は芸談らしいものを殆ど残しておらず、これは貴重な証言。芸風は言葉では残せない、と考えていたのかもしれません。

誰の芸にも敬意を持つ

（六代目尾上菊五郎《きくごろう》は）お呼ばれの宴会などで、素人衆が芸を披露する時は必ず座布団を外していた。芸について人さまに教わる時も同じだ。また自分の弟子から知らないことを教わることがあり、そういう時でも「今日はお前が師匠だ」と言って決して座布団は敷かない。他の劇場で芝居を見物する時は帽子やオーバーをぬぎ、きちんと腰かけて見ていた。

――**七代目尾上梅幸《ばいこう》**（一九一五―一九九五）

ここで一言！

歌舞伎界では今でも六代目といえば六代目尾上菊五郎のことを指すほどの名優でした。当代中村勘九郎、七之助兄弟は曾孫にあたります。

芸に身分の高下はない

（ある時小芝居の乙蔵《おとぞう》という人気役者を座敷へ呼んで、その芸を褒めたことについて役者仲間が苦々しく文句を言ってきた。）

私ぁ、お前さんがたの言うことの方がわからない。乙蔵は田舎役者かしれませんが、芸の上では檜舞台に立つ者となんら変わりはありませんや。上手の芸を愛し、見物するのに何を憚る必要がありますね。そんなに恥ずかしいってぇなら見に行かなきゃいいでしょう。私ぁ乙蔵の芸が評判以上に良かったから座敷に呼んで挨拶したんでさ。

――四代目尾上菊五郎《きくごろう》（一八〇八―一八六〇）

ここで一言！

昔は神社の境内などの掛小屋芝居が盛んで、今で言う小劇場が多くありました。そこにも人気役者がいましたが、檜舞台に立つ役者からは下に見られていたようです。

芸に臆病でいる

父（六代目尾上菊五郎《きくごろう》）も播磨屋《はりまや》のおじさん（初代中村吉右衛門《きちえもん》）も芸に対していい意味での臆病だったということだ。（中略）名人と言われ、自分でも大きな口をきいている以上、それを裏づけするいい仕事をしなければ世間の人に何と言われるかわからない、という臆病な気持ちを持っていたようだ。それだからこそ、人と話をしていても、映画を見ても、他座の芝居を見ても、表を歩いていても、いつも芸に応用することはないかと考え、勉強を怠らなかったようだ。

——**七代目尾上梅幸《ばいこう》**（一九一五—一九九五）

ここで一言！

六代目尾上菊五郎、初代中村吉右衛門は昭和初期の歌舞伎を支えた名優。この二人が活躍した時期を指して菊吉時代と言うほどです。

急場しのぎではダメ

およそ世の中に考えてみますと、役者ほど難しいものはないかと思うのですが、今の若い連中は自分から工夫するということもなく、また暇のある時には先輩のところへ遊びに行って、いろいろの話を聞いておくという心がけもなく、ただ自分がやる役をもし先輩の人がやったことでもあると、それだけの型を聞きに行くというのですから、実に情けないのでございます。

役のことでも何でもその時に聞いてすぐ間に合うものではないので、ふだんから聞いて肚の底へしまっておかないでは急場の役に立つものではありませぬ。

——**五代目尾上菊五郎《きくごろう》**（一八四四―一九〇三）

ここで一言！

五代目尾上菊五郎の時代は江戸から明治への変革期で、人々の気性も徐々に現代的になってきたのかもしれません。

基礎を踏まえて新しく

歌舞伎もその時代をあらわしていかなければならない。ただし、それはあくまでも基礎をしっかり踏まえての上でです。自分の仕勝手で深く考えもせず変えてしまうということがあってはならない。歌舞伎の型、演出の中には何代もの人が工夫に工夫を重ねてそこへ到達したものが多い。よく研究し、理解した上で、作者の真意を生かして現代に合う芝居をしなくてはいけない。（中略）無神経に真似だけしたり惰性でやることなく、真剣に考え研究して楽しく面白い、しかも格調ある歌舞伎芸術を磨き上げて次代に伝えてほしいと思います。

——**十三代目片岡仁左衛門《にざえもん》**（一九〇三—一九九四）

ここで一言！

十三代片岡目仁左衛門は様々な芝居について克明に記録した芸談も残しており、歌舞伎ファンからも尊敬を集める存在です。

新しい挑戦は尊い

芸術は、もとより商業ではない。それには損もなければ得もない。その結果の成功失敗を見積もってことを始めるというようなものではない。芸術の新しい運動が興ったとすればただ興ったという、そのことだけで尊い意味があるのだ。子供を生んだとすれば、ただその生んだということに意味があるのだ。

――二代目市川左團次《さだんじ》（一八八〇―一九四〇）

ここで一言！

二代目市川左團次は「自由劇場」という翻訳劇を中心とする演劇運動を興したことがあるほど革新的な俳優でした。

自分の枠に囚われない

芸というものは、いや人間というものは自分の範疇にあるものだけをやっていたのでは、その進歩はきわめて遅い。自分にないもの、自分より大きなものに立ち向かっていくときに、その努力に伴って飛躍的な進歩を遂げるものだと思う。

——十代目坂東三津五郎《みつごろう》

ここで一言!

十代目坂東三津五郎は思ってもいなかった役に挑戦したことで芸域が広がり、自分の中の骨太な資質を開拓できたと語っています。

挑戦に失敗はつきもの

（大掛かりな仕掛けを考案したが、初日は失敗。腹を立てた作者が大道具の十一代目長谷川勘兵衛《かんべえ》を罵ったのだが）

「新しい仕掛けをしようってんだ。失敗することだってあるでしょうよ。試行錯誤もなしで良い工夫などできるものじゃないでしょう」と笑って答えたという。そして翌日は見事に成功し、作者もかえって感謝を伝えたという。

――十一代目長谷川勘兵衛《かんべえ》（一七七九―一八四一）

大道具
主に家・屋敷などの舞台装置。

ここで一言！

長谷川勘兵衛の名は初代から引き継がれて当代で十七代目を数える。役者ばかりでなく、大道具にも歴史があり、それを支える人たちがいます。

いいものは踏襲する

世の中は変わっていきますし、ただ、昔のをふまえたままでは、かびが生えて、骨董品になっちゃいますからね。まだ、いわゆる骨董品ならいいけれども、古道具になったらしょうがありませんでしょう。ですから、昔のいいものを踏襲して、それが現代の方にもわかるように、歌舞伎を生かしていかなければいけません。やはり、その時代時代によって新しい風を吹き込んできていままで続いているんでしょうから。ただ、なんでもかんでも新解釈では歌舞伎はちょっとむずかしいんじゃございませんか。

――六代目中村歌右衛門《うたえもん》（一九一七―二〇〇一）

ここで一言！

六代目中村歌右衛門は「誰それの歌舞伎」ではなく「歌舞伎の誰それ」であるべきだと常々主張していました。

身体が覚えるまで

こういう世話物で型のあるものはとても難しいんです。最初はお手本をなぞるだけで精いっぱい。何度かやっていかないと、余裕も出てこない。かといって、変な余裕が出てきちゃうと芸が崩れてしまいます。身体で覚えるものだから、何度かやっているうちに、自分で計算しなくても身体が動くようになる。なかなか自分の持ち味が出るというところまではいきません。

——四代目中村梅玉《ばいぎょく》

ここで一言!

世話物は江戸の庶民の生活を描いた、当時の現代劇に相当する演目。西洋風の生活が一般の現代では、その実感を出すのは大変だそうです。

心があって型が生きる

ただ型をそのままに写したのでは心持ちが出ません。つまり型をはじめて残した人の心、言い換えてみれば役の心持ちへ入って演じてこそ、初めて型が活きてくるのであろうと信じています。ただし、一も二も「型だ型だ」と言って珍重するのはいけません。くれぐれも役の性根に当てはまる動作であることを、よくよく考えて選定を誤らないようにするのが必要です。

——七代目市川中車《ちゅうしゃ》（一八六〇―一九三六）

ここで一言！

「型」は役者の工夫による役ごとの演出のようなもの。家の違いや、上方と江戸など、型の違いを見るのも歌舞伎の楽しみの一つです。

芸風を受け継ぐ

姿や形の違う役者が、いくらいいものだとしても先輩のやり方をそっくり真似たのでは様にならない。先輩のやっていた精神、役の性根を学んで、それを自分にあうように工夫して身につける。これが芸風の伝承であり、上方風の芸のつくり方なのです。

これは、自分のやりいいように勝手にやるということとはまるで違う。その芸の拠ってきたるところを知り、それを自分の身体にあわせて受け継ぐということなのです。

芸風の風という字はそういうことで、型ではないということです。

——十三代目片岡仁左衛門《にざえもん》（一九〇三—一九九四）

ここで一言!

十三代目片岡仁左衛門は晩年はほぼ視力を失いながらも舞台は見事で、「仁左衛門は心眼で舞台を勤めている」と評されました。

型は先人たちの足跡

伝統は大切です。それは少なくとも、型が一つ出来上がるまでに、いったい何人の人が携わってきたか。ここに来るまでに、いったい何人の人のお墓がそこに立っているのかと考えることです。先輩たちが、一生を賭けて、苦労して工夫してきた末に、今のぼくらは立っているわけです。この先人たちに対する敬意がきちっと払われていればいいと思うけれども、まったく敬意を払わないで、ただ自分の思いつきで変えてしまえば、たぶんそれは浅はかな舞台になってしまうだろうと思います。

観客が舞台に対して厳しい時代に、その厳しい目をくぐり抜けてきた型には、何か意味があるわけです。鑢《やすり》にかけて、篩《ふるい》にかけて、いいものだけが下に落ちている。それをさらに、雑な篩にかけたときにまた、それが玉石混淆になってしまう可能性があります。

――十代目坂東三津五郎《みつごろう》

ここで一言！

昔に比べ、型はかなり整理されたようですが、そこから残った型が数種あり、それを見比べるのも歌舞伎の面白さです。

阿呆らしいことも大切

小道具の扱い方もそうですが、間の取り方もむずかしいのです。父の芝居を演じよくしておいて、しかも段取りをよくつなげていく間合いを憶えるのは、一通りの苦心ではありません。今、どこをどう、間をとっていくかということをお話ししても、おそらく阿呆らしいということになってしまいましょう。芸の世界は、ひとからみれば阿呆らしいことを続けているかもしれませんが、こうした間とか段取りがうまくいくと、舞台が引き締まってくるわけで、一概におろそかにはできないもんです。

――二代目中村鴈治郎《がんじろう》（一九〇二―一九八三）

小道具
主に俳優が手に持って使う道具。

ここで一言！

二代目中村鴈治郎は当代坂田藤十郎の父。戦後の歌舞伎の一翼を担いました。映画出演も多く、今でもその姿を見ることができます。

やりにくいところを逃げない

山城《やましろ》さん（豊竹山城少掾《とよたけやましろのしょうじょう》）に私が、言いにくいセリフがあるので院本《まるほん》とはちがった言い方をしていいですか、と聞いたら（中略）

「芸はやりにくいところ、できないところが出てきたら、しめたものです。そこを一生懸命やっていると、できるようになります。そこができたとなると、前になんでもなくやれていたところが、なんだが気になってきます。そうしたら面白くなって、いくらでも勉強できるものです。言いにくいとか、やりにくいとか、そんなところ逃げたら、一生面白いこと知らずに終わることになります」

——**八代目坂東三津五郎《みつごろう》**（一九〇六—一九七五）

豊竹山城少掾
明治から昭和にかけて活躍した義太夫節の大夫。近代屈指の名人と言われた。

院本
文楽の原作台本。

ここで一言！

文楽の演目をすべて文楽通りにやるというわけではなく、歌舞伎ならではの演じ方もあるのですが、セリフの言いまわしは義太夫の稽古が欠かせないと言われています。

まずとことん調べる

約束とかしきたりをとことん調べて、その上で正しいものと、つまらぬものを整理するなら敬服するが、自分の知らないものは、よけて通るなんて言うのでは、伝統も伝承もないではないか。調べる方法はいくらもある。ただ、やらないだけなのだ。正しいとか正しくないとか言うのは、調べてみて初めて言えることで知らないでは、正しいも正しくもない。

――**八代目坂東三津五郎《みつごろう》**（一九〇六―一九七五）

ここで一言！

八代目坂東三津五郎は博識で知られ、文化人との交流が多く、近代的な知性に裏付けられた数多くの芸談を残しました。

芝居の時代背景を考える

われわれの時代と違って、若い人は理屈が先に立つんです。古いことを調べる上での理屈ならいいんですけど、世相が違っていることに気が付かない。長屋の生活とマンション生活が比較できないのと同じで、その時代のことが書かれた脚本の中で考えてくれないと、今と比較しておかしいといわれても困る。今も谷中のあたりにいくと、昔の長屋が残っているところがある。そういうところを見て歩いてくれるといいんですが。

——十七代目市村羽左衛門《うざえもん》（一九一六—二〇〇一）

ここで一言!

十七代目市村羽左衛門は生き字引のような存在で、芝居のあらゆることに通じ、劇界のご意見番としての顔がありました。

細かく観察する

何商売でもその道には必ずそれだけの苦労があるものでしょうけれども、取り分けて俳優渡世は、上は大名から下は乞食までにも扮装するんですし、またそのしぐさの一々を常に細かく注意している事が大切です。例えば蝶の羽根は羽根の先からシナって動くが、トンボの羽根の方は付け根から動くものだということでも心にとめておけば、振り事の中に立派に応用ができて、同じ羽根を動かすしぐさでも蝶とトンボを踊り分けられるというものです。

——**六代目尾上菊五郎《きくごろう》**（一八八五―一九四九）

振り事
舞踊のこと。

ここで一言！

六代目尾上菊五郎は大金で乞食から半纏を譲ってもらい、後日芝居に利用した逸話もあり、何でも芝居に応用することを考えていたそうです。

芸は乞食袋

ある役者が十二、三になった息子に「お前は役者になるんだから算盤《そろばん》、習字なんてものは習う必要はないよ」というのを聞いた坂田藤十郎《とうじゅうろう》（初代）は……。

「いやいや、そんなことはない。役者の芸ってのは、乞食袋と同じだよ。今すぐいるかいらないかは関係なしに、目に付くものはなんでも拾って入れておくのがいいのさ。必要に応じて使い、いらないものはしまっておけばいいんだ。まるで知らないことは芝居でも出来ないからね。たとえスリや巾着切りの仕草だって、よく見覚えておくに越したことはないさ。」

——**初代坂田藤十郎《とうじゅうろう》**（一六四七—一七〇九）

ここで一言！

「巾着切り」とは、スリと同類の盗みの手口。腰から下げた巾着の紐をスパッと切って、持ち主の気づかぬうちに奪っていったといいます。

遊びも芸に生かす

私は、ゴルフやって英気を養って、楽しんでということは当然の話であって、ちっともかまわないと思う。ただゴルフのボールを打つにしても、それなりのことを計算すると思うんだ。だから、ゴルフをすることが、それ自体がレジャーだけでなく、芸のたしにしてほしいと思うの。播磨屋《はりまや》のおじさん（初代中村吉右衛門《きちえもん》）に「破蓮《やれはす》の動くを見てもせりふかな」という句がありますよ。ああやって俳句をつくっていなさっても、それがみんな芸につながっているんですよね。みんな人間なんだから、仕事を忘れてレジャーを楽しむということは必要なんです。必要なんだけれども、芸に関連している気持がどこかにあったほうがいいように思うの。

――**六代目中村歌右衛門《うたえもん》**（一九一七―二〇〇一）

ここで一言！

歌舞伎俳優の趣味の中で異色なのは六代目尾上菊五郎のクレー射撃。非常な腕前だったそうですが、射撃も芝居の「間」と同じだと言っていたそうです。

どんな経験も芝居に活かす

ここから勘平《かんぺい》の長台詞があるんですが、腹に刀を突きたててからの台詞は、イガグリをいくつも懐に抱えていると思えって、私は教わりましたね。あんなもの腹に抱えていたんじゃ、チクチクして痛いですからね。腹に力なんか入りませんよ。ひと言しゃべって「あっ、痛」って感じですよ。でね、ある時、私、盲腸になったんです。手術をして縫わずにふさいだんですけど、その時お腹を切ったまま、勘平の台詞をいってみたんですよ。
「いかなればこそ、勘平は……色に耽ったばっかり……に」
痛いなんてもんじゃなかったですよ。盲腸でもあんなに痛いんですからね。切腹したときは、大きな声が出るわけがないってことが、とてもよくわかりました。

――十八代目中村勘三郎《かんざぶろう》（一九五五―二〇一二）

ここで一言！

勘平は「仮名手本忠臣蔵」の登場人物。さまざまな誤解の果てに悲劇的な死を迎えますが、歌舞伎では人気の役のひとつです。

作品と芸の両方が揃ってこそ

役者にとって、作品と芸は、武士の学問と武芸のようなもんです。いわば車の両輪のごとく、片方が欠けてしまえば、思うところへは行けやしません。むろん、腕と運に恵まれた武士なら学問がなくとも立ちゆくこともあり、役者も作品に恵まれずとも、芸の力で当りを取れる事もあります。だが何と言っても作品と芸の両方が揃ってこそ鬼に金棒ということになるんです。

――初代市川團十郎《だんじゅうろう》（一六六〇―一七〇四）

ここで一言!

歌舞伎の作品は基本的に当て書き。つまり、一座の役者の個性に合わせて作品を書いたので、役者の個性が加わって輝くものが多いのも特徴です。

行き止まりはない

へえ、さようですともお前さん。何の商売だって、もうこれでいいという行き止まりなんてものあろう訳がありません。そのうちでも「芸」で身を立てる者には、安心ということは大の禁物ですよ。いくら年をとっても、一度舞台で踏み出したからは、ただただ一生懸命が命なんで。

——**四代目尾上松助**《まつすけ》（一八四三—一九二八）

ここで一言！

四代目尾上松助は名優五代目尾上菊五郎の脇役をたびたび勤め、その腕前では大いに評価のあった人ですが、その人をしても安心はならないというのは考えさせられます。

一生研究

舞台に立つものに限らず研究ということは今更申し上げるまでもなく何事によらずたいせつでございます。私は研究を怠ったことはございませんのも、父のやかましかったお陰でしょう。松助《まつすけ》（四代目）は八十六歳で死にますまで、自分の出勤している芝居は面白い、面白くないにこだわらず序幕から大切《おおぎり》までも二日に分けてちゃんと見物しておりました。「松さん、もう私たちの芝居を見ることはないじゃないか」と申しますと、「いいえ、そうではありません、拝見させてもらいます」と真面目に見ておりますす。これには毎度感心させられます。

――六代目尾上梅幸《ばいこう》（一八七〇―一九三四）

大切
一日の最後の幕。

ここで一言！

六代目尾上梅幸の父、五代目尾上菊五郎の研究熱心は有名で、細部にこだわる余り扮装に時間がかかりすぎることもあったそうです。

安心の腰を掛けたらそこまで

私の師匠の九代目團十郎《だんじゅうろう》旦那、また、始終お世話になっていました五代目菊五郎《きくごろう》さん、この両名優の舞台を拝見していますと、実に恐ろしいくらいのうまさで、どうしたらああいう芝居ができるのだろうと思われましたが、よくよく考えてみますと、この両優にはつねに油断がなかったのです。言い換えれば、これでいいという安心をしたことがない。つまり芸に腰を掛けさせなかったのです。

役者に限らず、すべての芸事でも、安心の腰を掛けたらもうだめです。先へ進む道がなくなるばかりです。ことに役者商売は、前にも言ったとおり生涯が修行である事を忘れてはいけません。

——**七代目市川中車《ちゅうしゃ》**（一八六〇—一九三六）

ここで一言！

九代目市川團十郎、五代目尾上菊五郎を崇拝するひとを指して「團菊ジジイ」という言葉が生まれるほど心酔した人が多かったようです。

壁にぶつかるまで

芝居などというものは、底の知れないものですねぇ。壁などとよく言いますが、ぶつかるところへ行き着きたいものですよ。

――三代目尾上多賀之丞《たがのじょう》（一八八九―一九七八）

ここで一言！

三代目尾上多賀之丞は昭和の名優。女形で、特に戦後の菊五郎劇団を脇から支えた名人で、晩年は後進の指導にも活躍しました。

周りもうまく見せる

すごい役者さんは、相手の芝居まで上手にしてくれるんですね。自分でいうのもおかしいですが、自分があたかもうまくなったように導いてくださるんですよ。これはすごいことだと思うんです。自分だけがうまくやっていればいいというものではなくて、周りもうまく見せる芝居のできる役者にならなくてはと痛切に感じました。

――十二代目市川團十郎《だんじゅうろう》（一九四六―二〇一三）

ここで一言！

十二代目市川團十郎は若いころ厳しく批判されたこともありましたが、六代目中村歌右衛門は「夏雄（本名）さんはあれでいい」と資質を見抜き、たびたび相手役に抜擢しました。

第二章

演じる

相手役に集中する

このごろでは、たとえば立ち回りですが、形ばかりで心が入ってないんですな。いくら格好をつけて刀を振り回しても、気持ちがお客さまに向いてるんですから、相手をする敵役にはこたえませんや。そんなんじゃ、芝居は盛り上がりません。

役者同士に、相手を引き立てようという心がけがあれば、舞台もしっくりきて、自然とお客さまも喜んで下さるものなんですがねぇ。こんなふうに自分だけ当たりを取ろうとするのを「孤自《こじ》あて」と呼ぶんです。「孤」は「ひとり」、「自」は「みずから」、というわけで。本当に恥ずべきことですよ。

——杉九兵衛《くへえ》（十七世紀後半に活躍）

立ち回り
殺陣のこと。

ここで一言！

立ち回りでは中国の京劇が有名ですが、歌舞伎の立ち回りは主役の俳優を強く美しく見せるのが目的で、そこが大きく異なる点です。

相手役を上手く見せる

まだまだ未熟な若手と共演をするときは、相手の腕が上がったように見せてやるのが芸の力、というものでしょうね。

――初代芳沢あやめ（一六七三―一七二九）

ここで一言！

若手の一座に、「上置き（うわおき）」といってベテランの幹部が入ることがありますが、この芸談のような効果を狙っているのでしょう。

力を引き出してもらう

どんな芸術でも、自分だけではある程度までより以上の力を出すことはできませんが、しかし自分に対する相手があって、その相手の力が自分より強ければ強いだけ、それだけ自分に従来なかった新しい力が出るものです。

――五代目中村歌右衛門《うたえもん》（一八六六―一九四〇）

ここで一言!

五代目中村歌右衛門は若い頃に九代目市川團十郎の相手役を勤め、のちに歌舞伎界に君臨した名女形でした。

自分のことしか考えない人

相手役さんに構わず、自分だけが当りを取れさえすればいいというような人は、お金を借りておきながら、返すそぶりも見せないで、贅沢に遊び暮らす人のようなものね。

——**初代芳沢あやめ**（一六七三—一七二九）

ここで一言！

歌舞伎は「絵面（えめん）」という言葉があり、舞台を一枚の絵のように考えます。そこで一人だけが勝手に突出するのは美学に反するわけです。

自分が相手に合わせる

お前たちは若造のくせに生意気なこたぁ言うもんじゃねえぞ。あの三味線で踊りにくいなぁ、お前よりおれの方が、丁場が長いだけに、もっとこたえらぁな。だが、おれぁ旅だと思うから、何ひとつ言やぁしねえ。第一お前たちぁ、三味線を踊りに合わせてもらおうと思ってるのが、了見違いだぜ。先がまずけりゃ、こっちの踊りを三味線の方へ合わせてやんねえ。おれぁ毎日そうしてるんだ。お前たちだって役者だから、そのくれえの芸はできるだろう。栄喜《えいき》の三津五郎《みつごろう》（三代目坂東三津五郎の通称）でさえ、旅に出りゃあ、向こうの絃《いと》で芝居をしたじゃあねえか。

――**三代目関三十郎《さんじゅうろう》**（一八〇五―一八七〇）

丁場
出番の意。

ここで一言！

歌舞伎の世界では今でも地方巡業のことを「旅」と呼びます。今と違い、当時は旅先で三味線弾きなどを手配するものだったようです。

余計なことはしない

（五代目尾上菊五郎《きくごろう》に向かい）下手くそめ、脇で芝居をしているのがわからないで、チョコチョコ動く奴があるものか。失礼な奴だ。おれは構わないが、あのところは捨て子の筋を聞かせるところで、肝腎なところなのだ。せっかくこの狂言を書いた其水《そすい》さんの骨折りもめちゃくちゃになってしまう。

——**三代目関三十郎《さんじゅうろう》**（一八〇五—一八七〇）

捨て子の筋
物語の中に登場する二組の捨て子のこと。

其水さん
河竹黙阿弥のこと。

ここで一言！

人気演目、通称「弁天小僧」は複雑に因果が絡み合っていますが、ここで話されているのは、その謎が解ける重要な場面です。

道行
主に男女二人の道中を舞踊として見せる場面を指す。

トンボ
宙返りのこと。

息が合わねば力が出ない

トンボという芸は、そのトンボを返る人がたとえ名人であっても、それを返らせる役者、たとえば「忠臣蔵の道行《みちゆき》」なら勘平、「千本桜の道行」なら忠信を勤める役者の方で、うまくイキを合わせてやらないと、なかなか返れぬものです。ヤッという掛け声と、フン・ハッと、この三拍子のイキが、トンボを返す役者と返る役者との間にうまく合わないと、返れません。

——二代目実川延若《えんじゃく》（一八七七—一九五二）

ここで一言！

歌舞伎の立ち回りに欠かせないのがトンボ。片足だけをバネにクルッと空中で前転する姿は実に鮮やかなものです。

些細なことまで心配りをする

（「四谷怪談」で）お袖《そで》をやっていた尾上菊次郎《きくじろう》（四代目）さんは、私が座敷のどこへ手拭いを投げ出しておいても、必ず私が着替えをしている間にその手拭いを拾って私のそばへ持ってきてくれる。これが他の役者のお袖なら、こういきません。手拭いなどに一向気を配ってくれぬ相手では、着替えてから自分で手拭いを投げ出してあるところまで、わざわざ歩いて行って勝手に拾わねばなりません。（中略）わずか、舞台に投げ出してある一本の手拭いでも、心得のある役者とない役者とでは、こうも違ってくるものでございます。

――二代目実川延若《えんじゃく》（一八七七―一九五二）

お袖
四谷怪談の主人公・岩の妹。

ここで一言!

四代目尾上菊次郎は六代目尾上菊五郎の相手を勤めた時、氷水で手を冷やして出たので、六代目は思わず手をぎゅっと温めてやりたくなったといいます。

セリフにないセリフ

これは、ある役者の話ですけど、この人、女房役がたくまずしてうまいんです。その秘密はね、セリフにないセリフを言って相手役の気持ちをつかむというか、つまり雰囲気を出すんですね。例えば、亭主が帰ってくる、するとそばに寄ってセリフにないセリフを小声で言うんです。寒い時は、寒かったでしょ、暑けりゃ、暑かったでしょ、相手が疲れた様子だったら、お疲れでしょ、とか、臨機応変にね。もうそれだけで、かわいいやつだと相手役に思われて、夫婦の雰囲気が出るじゃないですか。誰にでも、こんなゆとりは欲しいですよ。そうすりゃ、芝居はもっと面白くなるでしょうよ、見ている側にもね。

――二代目中村又五郎《またごろう》（一九一四―二〇〇九）

ここで一言！

同じような話として六代目尾上梅幸は、恋人役となる俳優の家の紋様が入った手拭いを使うという芸談を残しています。「神は細部に宿る」という言葉にも通じますね。

主役を引き立てないのは恥

俗に「チャン盗人」というのがある。ワキ役でありながら、達者ゆえに主役のやるべきところを食ってしまうことである。つまり主役を盗むということだ。ワキ役はあくまで主役を引き立てなければならないのだから、これはワキ役の恥とすべきことである。だが反対にワキ役にもしどころがあり、十分やらせるべきところを主役が食っては行儀が悪いということになる。

――二代目尾上松緑《しょうろく》（一九一三―一九八九）

ここで一言!

座頭らしい芸談と言えます。舞台全体を視野に入れつつ、各自に見どころを与える。これは今の菊五郎劇団にも引き継がれている美点です。

主役の邪魔をしない

近頃、新派の芝居などでは、たとえ端役でも凝ってやりさえすれば位置が上がるというので、つまらない仕出し役までが、いろいろな芸をしてみせるということは、時と場合にもよりますが、かえって心棒の芸に妨害を与えることになることもあって、大いに心がけなければ、かえって逆効果を生むことになるとも思われます。

――六代目尾上梅幸《ばいこう》（一八七〇―一九三四）

新派
劇団新派のこと。

仕出し役
通行人などの端役。

心棒
主役のこと。

ここで一言！

歌舞伎では舞台行儀が厳しく言われます。誰かが芝居をしていたら、細々とした描写ではなく、肚（はら）で受けるものとされます。

相手のしどころで休まない

最近は名優といわれる人でも、相手がセリフを言っている間を休んじまう人が増えましたねえ。これぁいけません。芝居の空気が緩んでしまうばかりじゃない、役としての身体が死んでしまいますよ。相手がセリフを言ってる時は、その顔をよく見るなり、しっかりとセリフに耳をそばだてるなりしないといけません。

――福井弥五左衛門《やござえもん》（十七世紀後半に活躍）

ここで一言！

他人の芝居の最中は「身体を殺す」といって余計なことをしないのが行儀とされており、動かないが休んではいないというのが難しいところです。

最後まで気合いを入れる

自分が言うだけのセリフを言い、自分がするだけの動きをしてしまうと「はい、私の仕事は終わりました」とばかりに、舞台にいながらそのことを忘れてしまう者には本当に困る。この不心得者一人のために、舞台にいる全員が引き立たないことになってしまうからだ。ひとたび舞台に上がったなら、自分のしどころが終わっても最後まで気合いを失わないようにすることが大切だ。

――**九代目市川團十郎《だんじゅうろう》**（一八三八―一九〇三）

ここで一言！

歌舞伎では並びの腰元、捕手などの脇に控えている時間が長い役がたくさんありますが、その気合いが抜けていると不思議と舞台に隙間風が吹いてしまうものです。

女らしさの秘密

僕も歌右衛門《うたえもん》さん（六代目）はじめいろいろな女形さん、また女優さんとも芝居をしていて感じるのですけれど、女優さんには悪いが自分はもう女だからそれでいいのだという考えかたが逆にハンディみたいになっちゃってるんじゃないですかね。女形さんってのは、男の体をいかにしたら女になるかというところで大変な努力をしているわけですよ。そういうものが前にあって、次に役のこしらえになるわけですね。女優さんの場合、前がないんですよ。

——初代松本白鸚《はくおう》（一九一〇—一九八二）

ここで一言！

宝塚歌劇の男役スターが女性から見て理想の男性になれるのと同じで、自分の性別を一旦離れるからこそ、舞台で理想の女になれるのでしょう。

女を意識しすぎると男になる

女形には情愛が大切なの。たとえば生まれつき綺麗なひとでも立派に見せようとすれば情が冷めてしまう。かといって品良くしようと意識しすぎれば嫌味になる。だからこそ、日頃から女性らしい暮らしをすることが大切なの。そうでないと、舞台で「ここが女としての見せ場だ」と思うほど、「男」が出てきてしまいますからね。

――初代芳沢あやめ（一六七三―一七二九）

ここで一言！

初代芳沢あやめの時代は女優が禁じられて間もない頃で、女形のあり方も女優的な感覚が求められたのかもしれません。

女優との違い

体当たりの芝居をすると、自然と女の真似になってしまいます。それで、若いころはよく「女優みたいだ」というお叱りを受けたのだと思います。女形というのは完全に独立した女の世界を表現する方法です。演じているのはあくまでも男性ですから、男性の眼で女性を見て、それを自分の中へ取り込んで吸収して消化して、そこから出てくるものです。ですから難しいのではないでしょうか。優しくて綺麗だからというだけではいけません。

——**四代目中村雀右衛門**《じゃくえもん》（一九二〇―二〇一二）

ここで一言！

四代目中村雀右衛門は女形の道に進んだのが遅かったためか、人間国宝に指定されてからも生涯にわたり芸に対して謙虚であり続けた人でした。

女としての所作

女形の役で舞台を勤めていて、あの長い女帯《おんなおび》を締めるという役がありま
す。（中略）もちろん帯を結ぶくらい稽古すればできますけれども、それは
ただ、形良く締めるだけに成功しても、帯を締める動作全体が、女のこな
しでできなければ、役者とは言われないわけです。

――六代目尾上梅幸《ばいこう》（一八七〇―一九三四）

女帯
女性用の長い帯

ここで一言！

たとえば女形が立ち回りなど激しい動きを見せる場合も、訓練を積んだ俳優は、女としての動きを逸脱しません。

女形のたしなみ

楽屋にいても、女形はたしなみを忘れちゃだめ。食事にしても、人様から見えないようにしなきゃ。恋人を演じる相手と一緒になってむしゃむしゃ食べて、舞台で可愛いと感じてもらえると思う？　そうなったら、互いに不出来ということになってしまうでしょう。

——**初代芳沢あやめ**（一六七三—一七二九）

ここで一言！

現代でもやはり女形は舞台の前にニンニク料理など匂いの強いものは避けるといいます。相手役との雰囲気をそれだけ大切にするということでしょう。

女の魂を表現する

女形は現実の女性ではないんです。女性の生理的な部分を抜いて、魂の部分だけを自分の体に入れ込んで、お客さんが見て「女だ」と思うものを表現しなければならない。生活感みたいな現実的なところよりも、どういう魂であるかを重要視する。

もちろん、心を表現するためには、それ相応の技術をもっていなければいけないし、それを表現するのに不自然でない肉体を作っておかないといけない。いろいろなスポーツをして、上半身の筋肉をつけてしまったら、踊っていても形が悪くなります。

——五代目坂東玉三郎《たまさぶろう》

ここで一言!

五代目坂東玉三郎は同世代の中では長身ですが、浮世絵などを研究し、長身を美しく見せる技術を考え抜いたそうです。

恋を演じ分ける

男を知らない女は始めから終わりまで恥ずかしいということを性根にしてやるのです。顔はなるべく上げないように伏し目がちにして、それで心持ちには十分色気がなければいけません。たとえば自分の好いた男がそばにいる時などには、飛びつきたいほど顔が見たくっても、それを見ることは恥ずかしく、しかし気は十分にその男の方へ通っていなければ人情はうつりません。しぐさの方は袖をいたずらするようなことですべて内輪にやるのです。また、傾城となるとこれは売り物ですから、恥ずかしいそぶりがあってはいけません。むしろ得意になって見てくれろ、という気で勤めるのです。

――**五代目中村歌右衛門《うたえもん》**（一八五六―一九四〇）

ここで一言!

歌舞伎の傾城といえば「助六由縁江戸桜」の揚巻（あげまき）という遊女です。格、位、大きさが要求される役で、これを演じることイコール歌舞伎の立女形（たておやま）とも言えるのです。

想いを姿形で表現する

好きなふりをしてる時は、男の両手の上から抱きついて、顔は横へ向けるようになさい。本当に好きだという時は片方の手を左の脇から下に差し込むように抱きつけば、本当に惚れてるように見えるわ。
また、女が腹を立てる時はセリフよりさきに、まず泣くものよ。

――初代瀬川菊之丞《きくのじょう》（一六九三―一七四九）

ここで一言！

人の心がどんな形に現れるのかを観察し工夫した結果が型であり、型には心の裏付けがあることが察せられる芸談です。

役に合わせた工夫をする

たとえば、家老の女房役をやって敵役をやりこめる場面があるとするでしょ。このとき武士の妻だからって、刀を構えるときに立派にしすぎるのはおかしいわ。武士の妻だといって、いつも刀を差しているわけじゃないんだから、刀の扱いが上手すぎるのはおかしいわ。あくまで刀を怖がらない、というのが工夫なのよ。「なんと、なんと！」なんて強いセリフを言いながら、舞台を叩いて、刀の柄に手をかけるなんてことをすれば、女形の格好をしただけの立役《たちやく》になっちゃうわ。

――初代芳沢あやめ（一六七三―一七二九）

ここで一言！

歌舞伎には加役（かやく）といい、立役が女形に回ることがある。特に敵役は立役が演じることで迫力を増すだけでなく、女形が本分を外れることを避けるための知恵でもあります。

女形の声

女の声だからってキンキンしてますと、お客さんが聞きづらいものですから、やはり多少は、裏声を使うこともありますが、雰囲気で出していますね。

鴈治郎《がんじろう》（二代目）のおじさんなんか、あのしゃがれた声でとても女性の声とも思えませんでしたけど、雰囲気は出てましたからね。あれでいいんですよ。

だから、私も立役の声とははっきり変えていますけど、自分なりの女の声を出していますね。女の声というよりは、女形の声というのが正解かもしれませんね。

――十八代目中村勘三郎《かんざぶろう》（一九五五―二〇一二）

ここで一言！

近年は裏声を上手く使った、女性の声に近い女形も増えましたが、庶民の女房や老女役などはこの芸談通りの発声方法を聞くことができます。

理想の女性を体現する

女形は、武家の女から夜鷹《よたか》に至るまで、ありとあらゆる時代の女性の持っている雰囲気や魂を見ている人に感じさせなければなりません。また、女形は、傾城を勤められて、はじめて一人前、という言い伝えがあります。

傾城とは、遊女でありながら、客である男に対して、時に母であり、姉であり、恋人であり、妹でなければなりません。つまり、その時々に男が求める理想の女性であり続けるということが求められます。これはそのまま女形の基本であるとも言えるのです。

――五代目坂東玉三郎《たまさぶろう》

ここで一言!

五代目坂東玉三郎は当代を代表する女形です。近年では、若手の育成にも心血を注ぎ、自らの築き上げてきたものを惜しみなく伝えていこうとしています。

夜鷹
街娼のこと。

男に惚れてもらう

女形なのに女性の贔屓がついて「奥さんにしてほしい」なんて思われたらだめ。男の人に贔屓にされて「あんな女がいたらいいのに」って思われるようじゃなきゃ。

――**初代瀬川菊之丞《きくのじょう》**（一六九三―一七四九）

ここで一言！

一九四〇年に亡くなった二代目市川松蔦は「松蔦のような女」という言葉があったほどで、女形に理想の女性像を見ることは昔話ではないのかもしれません。

大名ごときを恐れない

あるお屋敷へ伺ったときのこと。酒の席の余興に「ぜひ荒事《あらごと》というものを見せてみろ」ということになりました。そこで景清《かげきよ》の謡《うたい》をしながら襦袢の肌脱ぎになり、書院の障子や襖を踏み破って見せたのです。ご家来たちはどうなる事かとご心配の様子でしたが「これが荒事でございます」と申し上げましたら殿様はたいそうお喜びになり、ご褒美まで頂戴しました。大名の前に出た程度で物怖じしてしまうようでは荒事とは言えません。

――初代市川團十郎《だんじゅうろう》（一六六〇―一七〇四）

景清
平家の将、悪七兵衛景清のこと。

ここで一言!

「荒事」は初代市川團十郎が創始した江戸歌舞伎の代表的な演技様式。現在まで連綿と受け継がれ、市川家の芸として大切にされています。

荒事は立派に

「荒事」の役は器量に惚れられるような心で演じてはダメだ。その立派さか、少年のようなあどけなさに惚れられる気持ちで演じるのだ。

――二代目市川團十郎《だんじゅうろう》（一六八八―一七五九）

ここで一言！

荒事は理屈っぽさではなく、稚気と大らかさが求められるのが特徴です。亡くなった十二代目市川團十郎は、まさにそういう俳優でした。

名優の型をしっかりと写す

すべて故人の型として残されるものには、その型を生み出すまでの、ひとかたならない苦労がこもっているもので、それ以上の工夫ができればいざ知らず、できない場合、昔の名優の型を写して演じますし、また見巧者《みごうしゃ》のお客さまも「あれは誰々の型だ」と言って、その箇所になると褒められるというのは、実に苦労のしがいがあるわけです。

——六代目尾上梅幸《ばいこう》（一八七〇—一九三四）

見巧者
いわゆる「通」のこと。

ここで一言！

十八代目中村勘三郎が折に触れ紹介した「型がある人が破れば型破り、型のない人がやったら形無しだ」という言葉と対で覚えておきたい話です。

形だけ真似ても意味がない

坂田藤十郎《とうじゅうろう》（初代）といえば「かわいや かわいや」とか「あれぢゃ あれぢゃ」と言葉を繰り返すのが有名だよね。これは大入りの客が聞き逃さないように、またセリフにリズムを出すためなわけ。

ところで伏見藤十郎《とうじゅうろう》って役者が、まぁ坂田藤十郎に似てるのを売りにしてたのね。ある芝居で「六道能化《ろくどうのうげ》の地蔵菩薩じゃ」なんて長いセリフを二度繰り返して言ってるわけ。何が何でも繰り返して言わなきゃいけないと覚えたんだろうけど、笑っちゃいましたよ。

——**音羽次郎三郎《じろさぶろう》**（十八世紀前半に活躍）

大入り
満員のこと。大入り満員。

ここで一言！

当時は官許の劇場の他に、地域に根付いた小芝居などが多くあったため、人気俳優の名前を模した者も多かったようです。

役の心を持ち続ける

そういう芸脈を追求する中で、どこに焦点が合っているかということが大切なのですが、それはまことに簡単なことなのですが、「心」なのです。歌舞伎の言葉では「肚《はら》」と言いますが、それがあるかないかで決まります。その「肚」を持つことが大切だと思います。そういう意味では、常に役の「心」を持って芝居を演じるということです。ただ、人間のやることですから、伝統の型通りにやっているつもりでも、違って来ているかも知れません。しかし、「心」を持っていれば、同じことがやれなくとも、お客さまに訴える力があると思います。

――四代目中村雀右衛門《じゃくえもん》（一九二〇―二〇一二）

芸脈
水脈などと同じ用法。芸の源流をたどる、の意。

ここで一言！

型や、口伝（くでん）を歌舞伎は大切にします。型の面白さは、同じことをしても俳優によって味わいが変わることで、そこが歌舞伎の楽しみでもあります。

脚本の精神をつかむ

いかに実在の人物に似せて扮装をこらしたところで、その脚本の精神と食い違う扮装であったならば、その顔は死に顔である。まず第一にその脚本の精神をつかんでから、実在の人物を参考として扮装すれば、その扮装は精神をそなえて生きてくる。そうしてその脚本が実在の人物をそのまま写したものではなく、その実在の人物のエスプリをつかんで芸術品としてつくられたものであったならば、その扮装は、実在以上の実在として更生をしてくる。

――二代目市川左團次《さだんじ》（一八八〇―一九四〇）

ここで一言！

二代目市川左團次はヨーロッパ視察に加え、一九二八年には史上初の歌舞伎海外公演を当時のソビエト連邦で行うなど、非常に意欲的に活躍しました。

形に心を入れる

敵役で、顔も手足も赤く塗って存分に立ちはだかるように演じたとしても、心の中まで真っ赤に染まるほどの強さを持てなけりゃあ茹でた伊勢エビの殻と変わりませんや。心と表現がバラバラになってたんじゃ凄まじさは出ません。また、いくら目をひっくり返して睨もうが、心から睨まなければ恐ろしさは出てきやしません。

――小野山宇治右衛門《うじえもん》（十七世紀後半に活躍）

ここで一言！

典型的な敵役は「赤面（あかつら）」と呼ばれ、顔を真っ赤に塗った化粧をします。ひたすら単純悪というのが特徴です。

むやみに型にこだわらない

昔の名人のことや故実を調べるのは当然のことですが、むやみに昔の人の型にこだわるのはよくありません。型とは、要はそれを演じた人の長所を言うのですから、これを参考とするだけなら良いとして、まるっきり真似をするのはよくありません。つまり真似というのは自分の芸を束縛して、長所も失わせてしまうものだからです。

――九代目市川團十郎《だんじゅうろう》（一八三八―一九〇三）

ここで一言！

九代目市川團十郎は過去の型を再検討し、高い評価を得ました。実力もセンスも飛び抜けていたからこその言葉なのかもしれません。

お客さまにどう見えるかが大切

浅尾十次郎《じゅうじろう》は「女は右の膝、男は左の膝を立てるもので、歩き出すときも同じだから心得ておきなさい」と弟子達を指導していた。それを聞いた、芳沢あやめ（初代）は。

「あなたのお話に間違いはないけれど、お客さまの側の膝を立てずに、お客さまにどう見えるかを大切にするほうがいいわ。理屈だけじゃ歌舞伎とは言えないでしょう。理屈と〝かぶき〟を半々にすることが大切なんじゃないかしら」。

――初代芳沢あやめ（一六七三―一七二九）

ここで一言！

基本を押さえながらも、お客に美しく見えるということが大切だという、歌舞伎における写実の考え方をよく表している芸談です。

型を究めると心が現れる

これは高麗屋《こうらいや》の父（七代目松本幸四郎《こうしろう》）の受け売りなんですけれど、役を作り上げるというのは、型を一生懸命習って、それから心を入れなければ駄目だということ。心が型にはあるから、型を究めていけば心は出てくる。そこで感情を移入していくんだと、それがいまだに忘れず残っております。型ばかりでなくて、型をやっているうちに、自分の心が動いていけるようにならなくちゃいけない。そう思っています。

——四代目中村雀右衛門《じゃくえもん》（一九二〇—二〇一二）

高麗屋
松本幸四郎の屋号。

ここで一言！

型については様々な芸談が残っています。この話のように型をなぞるうちに心がわかってくるというのも、心をわかって型をやるというのも、どちらも本当なのでしょう。

型だから鵜呑みにしない

同じ足の割り方でも、父（初代中村鴈治郎《がんじろう》）は体が大きかったから、「胸が痛いと歯ぎしみし……」で立ったときに体を小さく見せようとするのですが、私は小柄ですから逆に足を割ってからじりじりとすぼめて行き、伸び上がるようにして、体を大きく見えるようにしています。同じ仕種でも、体つきによってちがってくるのですから、型だからといって鵜呑みにして覚えることは危険です。

――二代目中村鴈治郎《がんじろう》（一九〇二―一九八三）

足を割る
足を広げて腰を低く構える姿勢のこと。

ここで一言！

初代中村鴈治郎は「頬かむりの中に日本一の顔」と言われた人で、上方歌舞伎の隆盛を築いた名優でしたが、その跡継ぎがこうした言葉を残している点が上方歌舞伎らしさと言えます。

型にはすべて意味がある

例えば、右手を出すにしても、その時の心が右手を出すようになっているから右手が出ます。演技の型を熟知しますと、そういう答えが出てきます。歌舞伎の型というのは、どの動き一つを取っても意味があるもので、その意味を理解しなければ、型は生きません。歌舞伎も古典芸能と言われていますが、「古典」と言っても、今生きていなければ古典ではありません。いくら形式的に整っていても、登場人物が生き生きと動いていて、その心が現代の観客に伝わるようなものでなければいけないと思います。

——**四代目中村雀右衛門**《じゃくえもん》（一九二〇—二〇一二）

ここで一言!

型については常に賛否がありますが、不思議なもので本当に型を消化した俳優の演技は、その必然性が見ている側にも伝わるものです。

心のある芝居が輝く

いくらうまく芝居をしても、心のないものはしょせんそこまでのものだと思います。赤でも黄色でも紫でも、何色でもいいですから、その色の心が表現できた時に、いい役者であり、いい踊り手になれるのではないかと思います。「何の色だかわからないけれども綺麗だね」ということではどうかという気がします。芸とはそんなものではないでしょうか。

心のある方の芸は、形が多少ゆがんでいようが割れていようが、芸そのものに輝きがあります。逆に、いくら形が出来上がっているものでも、心がないものには感動がありません。

――四代目中村雀右衛門《じゃくえもん》（一九二〇―二〇一二）

ここで一言!

私生活が乱れていても舞台がよければいいのだという説もありますが、歌舞伎では昔から日頃の心がけを大切にしていますし、それが舞台に反映すると考えられています。

さわり、物語、注進
舞踊的要素を伴う演技の名称。

思い入れが肝心

さわり、物語、注進《ちゅうしん》等いずれも踊りを踊る気持ちでなく思い入れが肝心です。名人が姫のさわりは袖で「の」の字さえ書いていればいいと言ったのはそれだと、成駒屋《なりこまや》（五代目中村歌右衛門《うたえもん》）が申しましたが、これはまったくです。

――**六代目尾上梅幸《ばいこう》**（一八七〇―一九三四）

ここで一言！

歌舞伎は音楽的要素が大きな役割を果たします。演技様式にも義太夫に合わせて演じる場面が多く、そこで踊ってしまうことを戒めたのでしょう。

姿形ではなく心

初代芳沢あやめがある時、頭の弱い金持ち娘を演じることになった。役者仲間たちは「さぞかし面白おかしいナリをするだろう」と考えていたが、あやめはごく普通の拵《こしら》えに、美しく顔を作っているばかりだ。ところが、これが舞台に出ると、お客は腹を抱えて笑い転げている。あやめは美しく拵えながら、自然とおかしみがあるのだ。この時のあやめの言葉には……

「だって彼女の親は土地の名士でしょう？　当然、その娘は大切に綺麗に育てられたはずだし、召使いだっていたはずよ。阿呆を演じるといって大事なのは見た目じゃないわ。心なのよ」。

――初代芳沢あやめ（一六七三―一七二九）

ここで一言！

歌舞伎に喜劇はほとんどありません。深刻な芝居のアクセントに道化役が出る時は出番も短いので、やはり外見にも面白さを利かせることが多いようです。

ニセモノを本物に見せる

この節は芝居の舞台にも、すっかり西洋風が入ってきましたんで、小道具なんぞもみんな本物を使うようになりましたが、以前は徳利でも茶碗でも残らず張物《はりもの》を使ってやったもんです。それぁ粗末だと言えば、こんな粗末な代物はありませんが、そこがつまり、役者の腕の見せどころとでも申しましょうか。こしらえ物を使って本物に見せるところに、芸があったのでございましょう。

——四代目尾上松助《まつすけ》（一八四三—一九二八）

張物
木材を骨にして紙・布などを張ったもの

ここで一言!

キセルや手拭いなどは芝居や役柄ごとに多く本物を用意するのも大切ですが、関東大震災や太平洋戦争のときに多く消失してしまったといいます。

舞台で本物に見せる

ここに本当の大工を連れてきて舞台に立たせて芝居をさせるよりも、劇場の遠近法、その他の諸条件に依存する芸を心得ている俳優の扮した大工の方が、見物にとっては、本当の大工になる。

——二代目市川左團次《さだんじ》（一八八〇—一九四〇）

遠近法
ここでは舞台空間の奥行程度の意。

ここで一言!

五代目尾上菊五郎などは職人などを演じる際、実際の人を参考にかなり研究したといいます。その上で、舞台効果を踏まえて演じたのでしょう。

歩き方で浮いているように見せる

最近はお客さまも派手な演出を好まれるようで、宙乗《ちゅうの》りが大流行りである。勿論、多様な考え方がある、私は、空中に浮いているさまを、花道の歩き方や演技であたかも浮いているように見せるのが歌舞伎の醍醐味のひとつと思っている。「伽羅先代萩《めいぼくせんだいはぎ》」の仁木弾正《にっきだんじょう》の引っ込みは花道を歩いていても「ああ空を行くなぁ」と、お客さまに感じていただくのが、本来ではないかと思う。

――**十二代目市川團十郎《だんじゅうろう》**（一九四六―二〇一三）

伽羅先代萩
仙台伊達藩のお家騒動を題材にした演目。

花道
一般的に舞台から直角に伸び、客席の中を貫く幅一メートルほどの通路様の舞台機構。

ここで一言!

宙乗り、というのはワイヤを張り、舞台から三階席まで客席の上空を行く演出様式です。この時ばかりは三階席が“特等席”になります。

難しすぎれば廃れる

（初代中村富十郎《とみじゅうろう》が「京鹿子娘道成寺《きょうかのこむすめどうじょうじ》」を初演した時のこと）

たしかにもう少し手の込んだ振り付けにも出来たとは思います。けれど私が思うさま難しい振り付けをしたらどうなります？　おそらく、せっかく作ったこの道成寺《どうじょうじ》も、後に続く人がなくなって廃れてしまうのじゃありませんかね。ですから、将来にわたって誰にでも踊りやすい振り付けにしようと、そう思ったんですよ。

――**初代中村富十郎《とみじゅうろう》**（一七一九―一七八六）

ここで一言！

「京鹿子娘道成寺」は現在も人気の舞踊。その華やかさ、美しさは様々に変化する女形美を味わうには最高のものと言えるでしょう。

千里眼の芝居をしない

それと私が気を付けているのは、千里眼の芝居をしないこと。千里眼、わかりますか。たとえば、ある子供がこの先、殺されるとしますか。その子が親と別れる時に、親が激しく泣いたりしちゃいけないってことですよ。そのときは、まだ死ぬとわかってないんですから。それを千里も先のことを考えてちゃいけませんや。

役者っていうのは、ともすると筋を知っているから、おかしな演技をしてしまうんですね。ええ、これも親父（十七代中村目勘三郎《かんざぶろう》）に教わったことですがね。

――十八代目中村勘三郎《かんざぶろう》（一九五五―二〇一二）

ここで一言!

歌舞伎は古典ですから、見ている側も結末を予想しながら見てしまうきらいがあります。演者も観客も、心しておきたい芸談です。

心に応じて形は自然に生まれる

身ぶりの良し悪しを懸命に考える役者がいますね。そりゃあお客さまに見せるものなんだから、格好悪いよりは、格好いい方がいい。けれど私は、そうやって形を作るもんじゃないと思うんですよ。身ぶりっていうのは心が表に現れてくるものだから、喜怒哀楽に応じて形は自然に生まれてくるものでしょう。そうやって出てくる以上の形がありますかね。

——**初代坂田藤十郎《とうじゅうろう》**（一六四七—一七〇九）

ここで一言!

型と心は表裏一体です。現代でも、新作や新演出の中に将来は型になっていくものがあるかもしれません。

細部までこだわり抜く

ある時、舞台で使う草履を藤十郎《とうじゅうろう》（初代）が「大きすぎるよ」とのこと。買い物係は「ちゃんと足の大きさは測りましたが……」。

「いいから一回り小さくしておくれ」。その理由は……。

「今回の芝居は草履を脱ぐ場面があるだろう。もし舞台に残された草履が大きかったらどうだい？　藤十郎は鍬《くわ》みたいな大足だなんてお客さまに思われたら、傾城買いの二枚目役なんてできやしないよ」

こんな細かいところまで気配りするのが、名人の心得なのでしょう。

――**染川十郎兵衛《じゅうろうべえ》**（十八世紀前半に活躍）

ここで一言！

履物に気を使うのは現代も同じ。草履も鼻緒を下げて、足の指から先を大きく残し、上にそっくり返ったのをつっかけるようサッサッと歩くと粋に見えるなど、工夫をしています。

生え際の形が役を作る

歌舞伎の場合はかつらをかぶるわけですが、その生え際の形が役を作る上で大切な役割を果たします。歌舞伎のかつらの土台は銅板で出来ていて、その銅を顔に合わせてくりぬき、頭の形に合わせて整えていきます。その生え際の形のことを「くり」と言います。このくりの形と毛の生え方で登場人物の性格は、ほぼ決まると言っても過言ではありません。

たとえば、若い娘であれば、生え際は生き生きとしているでしょうし、若さ故にまだ額が狭いこともあるでしょう。年をとれば、生え際が後退し密度が低くなっていくのが自然です。また、恵まれた生活をしている人は、毎日「髪結い床」に行けるため、質のよい油のついた艶のあるものになっているでしょう。しかし下町のおかみさんなら、自分で髪を結うことになるのでしょう。そういう意味で、生え際から始まり、結い方までしっかりと捉えていって初めて「舞台の上で生きた人間の髪」が生まれるのです。

——五代目坂東玉三郎《たまさぶろう》

ここで一言！

歌舞伎の鬘は床山（とこやま）さんと呼ばれる職人の技が支えています。それぞれ立役、女形に専門の床山さんがいて、毎月数え切れないほどの様々な髪型を結っているのです。

役の身のほどを考える

若い人たち書き抜きを受け取ると、まずセリフを覚えたり、衣裳をどうするかに頭を悩ませているみたいね。

私はまず、その役の身のほどを考えるの。たとえば「仮名手本忠臣蔵」の由良之助・妻、お石をやるとするでしょ。そうしたら、お殿様の塩冶判官《えんやはんがん》は何万石の大名なのか、その家老の由良之助は千五百石で、何歳になる男なのか、その女房なら何歳くらいだろう。衣裳は家老の女房なんだから家の中では無地の着物で、色はなに、帯はなに、髪はどんな形かと工夫をするの。そしてセリフは、まず全体の物語を理解して、相手とのセリフの受け渡しと、決まり決まりをしっかり覚えるようにすると、自然と長いセリフも覚えられるわ。

——三代目瀬川菊之丞《きくのじょう》（一七五一—一八一〇）

仮名手本忠臣蔵
史実の赤穂浪士吉良邸討入事件を劇化した演目。塩冶判官は浅野内匠頭、大星由良之助は大石内蔵助のこと。

ここで一言！

書き抜きとは自分の役のセリフだけが書かれたものです。江戸時代には少部数印刷などできませんから、こういう仕組みになったのでしょう。

その役として動けるように

肚《はら》とは何かというと、その役をよく理解すること。その役の者がやりそうなことすべてを、表現できるように研究することです。こりゃあ女形でも立役でも同じことです。たとえば、その役の者がころんだらどうころぶか、徳利を不意に倒したら、また倒されたらどうするか。脚本にあることはもちろん、それ以外にことが起こったときどうするかを研究しておくことです。そのとき、その役として処理できるかどうかの問題です。

――三代目尾上多賀之丞《たがのじょう》（一八八九―一九七八）

立役
男役のこと。

ここで一言!

肚は役の行動原理のようなもので、「心理描写」ではありません。ジッとしていても伝わるとされ、歌舞伎では重要な演技術に位置付けられています。

歩き方が変わる

元来、俳優がいろいろの役に扮するのに、いちいち顔の拵えから衣裳鬘《かつら》を取り替えて、それぞれの役らしく作って、なるべくその人に見せる苦心をするのは当たり前のことで、またこれは誰しもやる事ですが、役々によって歩き方の足を変える事は、ほとんどやっている人が少ないんですけれど、役で歩き方が変わるようになれば、それは本当に上手な人です。

——**六代目尾上菊五郎《きくごろう》**（一八八五—一九四九）

ここで一言！

男女の歩きわけは当然のこととして、ベテランにもなると職人、武士、商人などでたしかに歩き方を仕分けているものです。

細かなしぐさも演じ分ける

およそ芝居というものは、嘘を本当に見せなければいけないんです。（中略）昔は舞台で飯を食う役の時には、木綿綿《もめんわた》を米に見せるのが、ひとつの芸としてあったものなんですから。例えば一つの茶碗を取って、それを口へ持っていくことのしぐさにしても、見物の目から「あれは酒を飲んでいるのだな」「あれは茶を飲んでいるのだな」「あれは湯を飲んでいるのだな」「あれは水を飲んでいるのだな」という区別が判然と知れるように、飲み分けなければいけないんですし、また確かに芸として飲み分けることができるんです。

――**六代目尾上菊五郎《きくごろう》**（一八八五―一九四九）

ここで一言！

たとえば「魚屋宗五郎（さかなやそうごろう）」という芝居では、主人公酔っていくにしたがい飲み方が変化しますが、そこが見所にもなっています。

役の性根をつかむ

忠兵衛《ちゅうべえ》の怒り方は、他の役と違って始終そばにいる梅川《うめがわ》に気を取られている、一種変わった怒り方です。「梅川が心配してへんかしらん。梅川がわしを意気地なしやと思うてへんかしらん……」なにもかも梅川に気ばかり配りながら怒っているのです。始終に梅川の顔色ばかり見ている。これが「封印切《ふういんきり》」の忠兵衛では最も肝心な性根かと存じます。

――二代目実川延若《えんじゃく》（一八七七―一九五二）

封印切
「恋飛脚大和往来（こいびきゃくやまとおうらい）」という演目の一部。

ここで一言！

ここで言う封印とは、預かり金の封印のこと。主人公は恋人の面前、意地のために客から預かった大切な金に手をつけてしまうのです。

泣くにも武士と町人は違う

姫君や娘形は袖口に入れた手の先を反らせて泣くふりを見せれば可愛く見えますが、これを普通のように内へ折ると色気がなくなります。余談ですが、奴《やっこ》の涙は握りこぶしから出ると落語家は申しますがそのとおりで、泣くにも武士と町人は違いますからご注意してご覧ください。

——**六代目尾上梅幸《ばいこう》**（一八七〇―一九三四）

ここで一言！

しぐさの違いの芸談は多く残っています。たとえば正座をして手を膝の方に置くと老けて見え、足の付け根に置くと若く見えるなど、自分でやってみるとなるほどと思えるものです。

手品師の魔法瓶

舞台へ燗徳利を持ち出して、お酌をする役などの場合、徳利に入っている酒の分量を知らない役者がたくさんあります。これをはじめから一合なら一合、二合なら二合と水を入れて、猪口へ注いで何杯注げばこの徳利は空になる、というぐらいの研究をしてかからないと、手品師の魔法瓶のように、いくら注いでも酒がなくならない不体裁な事ができてきます。

――**六代目尾上梅幸**《ばいこう》（一八七〇―一九三四）

ここで一言！

この芸談を読むと、舞台を見ていてその工夫がされているか、つい気になってしまうものです。

役を研究しつくす

私がある役を引き受けてから、これを舞台に登らせるまでには、ずいぶん深く思案をしてみます。（中略）例えば、花道から駆け出してくる役があるとすれば、それはどこを出発点にして駆け出して来たのだろうと考えるのです。遠いところから来たとすれば、気はあせっていても、足の方がくたびれている。それから舞台の門口へ来て格子を開けるにしても、それが大世話場ならば、同じ格子でもスラリとは開かない、といったようにしてくんですから、自慢じゃありませんけれども、私のやる役ならば、しぐさのどこの箇所を聞かれても必ず返事ができるんです。

――六代目尾上菊五郎《きくごろう》（一八八五―一九四九）

門口
一般家庭の玄関先のこと。

格子
格子戸のこと。

大世話場
特に庶民生活をリアルに描いた場面。

ここで一言!

六代目尾上菊五郎は周囲の者にも同じことを求め、ほんの端役にすら「姉さんうちはどこだい?」などと問い掛けて、常に油断をさせなかったそうです。

気持よく見ていただく

歌舞伎役者はどんな役をやるにしても実際の有様を写すように演じるべきなんだ。ただ、唯一乞食の役だけは違う。化粧から着物まで、おおよそそれらしくしておけばいいし、決して写実になっちゃいけない。だって、歌舞伎は日頃の憂さ晴らしにご覧になるものだ。それならできるだけ華やかにありたいじゃないか。写実に演じた乞食なんて見て楽しくないし、憂さ晴らしにならないからね。

――初代坂田藤十郎《とうじゅうろう》（一六四七―一七〇九）

ここで一言！

写実性を重んじるのは主に上方に強く、江戸歌舞伎は逆に誇張表現を楽しむ部分があり、市川團十郎家の荒事などはその最たるものと言えます。

写実と現実を混同しない

写実的の芝居を演じる場合でも日常通りの小さな声でやって見物には聞こえなくともよいという法は断じてない。これは、リアリズムとリアルライフを混同しているのであって、日常生活の場面を演じてもやはり見物には聞こえるようにしなければいけないことはもちろんである。それを「見物には聞こえなくともよい。聞こえないと言う人の方が悪いのである」というのでは、もはや技芸とは言われない。

――二代目市川左團次《さだんじ》（一八八〇―一九四〇）

ここで一言！

二代目市川左團次は明治から昭和にかけて活躍。二十代でヨーロッパへ渡り西洋演劇を学ぶなど進歩的な人でした。

俺は日本一の色男だ

この助六《すけろく》は花道へ出て、ポンと傘を開いたとき、俺は日本一の色男だと思う自信がなければできない役だ。

——**九代目市川團十郎《だんじゅうろう》**（一八三八—一九〇三）

助六
助六由縁江戸桜（すけろくゆかりのえどざくら）の主人公・花川戸助六のこと。

ここで一言！

助六は二代目市川團十郎以来の家の芸ですが、花の吉原で並み居る傾城の人気を独り占めにするいい男なのです。

不自然さに味わいがある

「適者生存」の現代、芝居ばかりが取り残されて良いということはなく、私が言うまでもないことですが、芝居は時代の変化とともに変容していくことが必要です。

しかし、昔からある芝居は、よほどに猥褻であったり、非倫理的な場合を除けば、手を加えない方が良いと考えるようになってきました。そもそも旧来の芝居というのは不自然に見えるようなところにこそ一種の味わいがあるわけで、いたずらに理屈だけで手直ししてしまえば、芝居そのものの趣向が失われてしまう恐れがあると気づいたためです。

――九代目市川團十郎《だんじゅうろう》（一八三八―一九〇三）

ここで一言!

九代目市川團十郎は正しい歴史劇を志向し「演劇改良運動」などを実践しましたが、その後古典へ回帰し現在の歌舞伎の基礎を築きました。

嬉しさを混ぜて演じる

（遊女の小春《こはる》が義理のため恋人・治兵衛《じへえ》に愛想尽かしする場面で）

このサワリは、小春にとって辛く苦しいものですけれど、ヒロインが悲しんでいるからといって、役者がつきつめて演じると、芝居が陰になり過ぎて、お客さまが疲れてしまいます。義太夫の節にのせて心情を訴えるサワリは、役者にとっては気持ちの良い、聞かせどころの見せ場。ヒロインの悲しさと、役者の嬉しさを上手く混ぜて演じないと、華がなくなりますね。役者が喜んで演じる部分があってこそ、芝居が面白くなると思うんですよ。

——**二代目片岡秀太郎《ひでたろう》**

ここで一言!

二代目片岡秀太郎は十五代目片岡仁左衛門の実兄で、上方歌舞伎の味わいが出せる貴重な女形です。関西歌舞伎塾講師として上方歌舞伎の人材育成に努めています。

愛想尽かし
主に女性側から男性をふること。

特有のかおりあってこそ

歌舞伎というものは、チョーンと柝《き》が入って、義太夫を語って、型どおりやれば一応できますけれど、歌舞伎の美的生命ともいうべき特有のかおりを発散することは容易ではありません。それには、一通りならぬ修練と心構えが必要なのでございます。要するに役者としては、歌舞伎の生命力ともいうべき特有の雰囲気を身につけ、それを失わないように心がけて舞台をつとめるよりほか方法はないように考えます。

――**五代目中村富十郎《とみじゅうろう》**（一九二九―二〇一一）

ここで一言！

「柝」は一般には拍子木として知られています。幕開き、幕切れの澄んだ音は風情のあるものですが、簡単に見えて綺麗に鳴らすのは大変だそうです。

歌舞伎独自の身体性を見せる

二十一世紀は、若者にとって選択肢が多くなって幅広くものを考える時代でないといけない。これだけ物質文明が発展しちゃうと、心が置き去りにされてしまう。これは私が言ったことではなくて、偉い先生が仰っていたことですけど、科学に代表される西洋文明が普遍性、論理性、客観性で真理を証明しようとするのに対して、日本文化にはそれとは異なる独自のコスモロジー、シンボリズム、身体パフォーマンスがある。西欧音楽は音を強調するために休止符がありますが、邦楽は間を強調しますよね。ところが、邦楽や歌舞伎など、日本の伝統文化が教育現場にあまりにもない。そうしたものを少しでも取り入れ、若者に身体パフォーマンスを見せる。それが大事なことだと思っているんです。

――**二代目市川猿翁《えんおう》**

ここで一言！

歌舞伎の基礎は踊りの修行にあるというほどで、その身体性は非常に重要です。単に心が役になりきるというのではなく、どうそれを形に表すか、が大切なのです。

自分の内側を見つめる

どの役にしても、あれこれやって大きく見せようとすると、かえってどんどん小さくなっていくものなのです。何もしなくても、大きく見えなければいけない。

ずっと悩んでいたのですが、あるとき、そうじゃないんだ、背伸びして大きく見せるのではなくて、意識を内へ向けなければいけないんだと気がつきました。その意識がこう内側で反射して、結果的にお客さまからすると、大きな存在に見えるようになる。だから方向は、中へ向けなければいけないと気がついたときに、目が覚めたように思いました。

――十代目坂東三津五郎《みつごろう》

ここで一言!

決して長身ではない俳優が、舞台では非常に大きく見えることがあります。大きな弟子と並んでも、不思議と師匠が大きく見える。芸の大きさは私たちにも見えるのです。

芸風の相性

昔の名人が今の世に残っていたら、おそらくやっぱりクサイと言われるのであろう。早い話が昔の役者の芸は、ご見物に見せることを専一に考えていたものが、この頃では実際を写す方になってきている。つまり今の世の中はポテチンを弾かせておいて、それを逃げて芸をするやり方なのだが、私のは合わせまいと思っていても、その場へくると自然に乗ってしまう。私の芝居はご見物を飽きさせまいと思ってやっているが、今の世界のお芝居は、感服させようとしている。もちろん昔の芸でも呼吸の合った人だけでやれば持っている味は出せるに違いないが、これは相手の芸風が違っていては合わない。

——三代目中村歌六《かろく》（一八四九—一九一九）

ポテチン
三味線の伴奏を表す擬音。

ここで一言!

三代目中村歌六は、初代中村吉右衛門、三代目中村時蔵、十七代目中村勘三郎の父親で、この人がいなければ現在活躍中の多くの俳優がいなかったことになります。

お客様と感性を交わす

講談や落語の名人が言葉と仕草だけで冬の景色描写したら、聴いているお客さまに降りしきる雪が見えたというような名人芸の話をよく聞くが、そこまでいかなくても、照明で暗くするのではなく鐘の音一つゴーンと鳴って、

―あぁ、暮れたか……

そこに世界を創ってゆく。それが歌舞伎の本来の姿ではないかと私は思う。科学を駆使してみせる演劇ではなく、お客さまという人間と、役者という人間がひとつの空間に対峙して感性を交わす、茶の湯が茶席で亭主と客の立場で持て成しの心を交わすように。

――十二代目市川團十郎《だんじゅうろう》（一九四六―二〇一三）

ここで一言！

十二代市川目團十郎は、江戸以来語り継がれる「團十郎像」そのままの俳優でした。大きく、あたたかく、まるで太陽のような存在感は技巧をはるかに超えて多くの人を魅了しました。

どんな役でも美しく見せる

大和下市村のゴロツキでも、美しく見せる、それが芝居や。いざり勝五郎は、あれでも乞食や。芝居は、美しく、きれいやないとあかん。

――二代目実川延若《えんじゃく》（一八七七―一九五一）

ここで一言！

たとえば「吉田屋」という芝居では大金持ちの息子が零落して、紙衣（かみご）というみすぼらしい着物を着ている設定ですが、実際には非常に美しい衣裳になっています。

楽に見えれば一人前

踊る者はいかに骨が折れても、それを何の苦もなく踊っているように見えれば、芸のできている一つの証拠で、初期の間は骨を折れば折るほど骨を折っていることがわかるもので、よほど芸が手に入ってこなければ骨を折って楽に踊っているように見えません。

――六代目尾上菊五郎《きくごろう》（一八八五―一九四九）

ここで一言！

この言葉は舞踊の名手と言われる人の舞台を見るとよくわかります。いかにも優雅に見える踊りが、注意してみると苦しい姿勢の連続で驚くことがあります。

慣れているから上手いわけではない

「嵐三右衛門《さんえもん》ってぇ役者は、日頃から酒が好きなだけあって、舞台でも本当に酒を飲んでるように見えるね。これぞ名人ってところだなぁ」と誉める人の隣から……。

「いまやってる芝居の最上藤八《もがみとうはち》は、槍に突かれるところがいかにも本当に突かれたようだが、きっとあれも日頃から突かれ慣れてるんだろうねぇ」。

――**金子吉左衛門《きちざえもん》**（？―一七二八）

ここで一言！

金子吉左衛門は初代坂田藤十郎と一座し、役者と作者を兼ねた人だといわれています。この記録はおそらく作者時代に観客のやり取りを残したものと思われます。

疲れや痛みを顔に出さない

踊りは楽に踊らなければいけない。あれだけ踊ったら、さぞ疲れるだろう、足が痛いだろう、見物に思わすような疲れた顔をしちゃいけませんな。そりゃ、あっしなんかこの体ですから、楽ではないが、それを顔に表しては見物に不快な感じを与えます。幕切れになってからの態度もまた大切で、どんなにうまく踊っても、幕切れに息が切れそうで、鼻がひろがって、フーフーいうようでは、台なしです。

——**六代目尾上菊五郎《きくごろう》**（一八八五—一九四九）

ここで一言！

六代目尾上菊五郎は踊りの名人としても名を残し、その辞世の句も「まだ足らぬ踊りおどりて あの世まで」というものでした。

衣裳に込められた魂を背負う

衣裳というものは、それを人がまとってこそ生きるものです。反物《たんもの》で見ている時に素晴らしいと思って舞台に立っても、そうでない場合もありますが、逆に身につけることによって思いもよらない効果が出てきた、あの着物がこんな風にと見まごうことがあるほど生命力を感じることがあります。

また、一着の衣裳が完成するまでに、多くの人の想いや技倆が重なっていることも忘れてはなりません。袖を通した瞬間、私は様々な人の想いが一つになった魂を背負っていることを噛みしめています。

――五代目坂東玉三郎《たまさぶろう》

ここで一言！

歌舞伎の衣裳や小道具類も年々満足のいくものが手に入らなくなっているそうです。歌舞伎は世界遺産に指定されましたが、それを支えるすべての職人技の保護もまた急務と思われます。

毎日が初日

我々は子供の時から、役者として稽古事に苦しんできましたものに、さらに怠らず磨きをかけていかなければなりません。そうして芝居というものは、繰り返す芸術とでも申しましょうか、日々新たな心持ち、すなわち毎日初日と同じ心持ちで勤めなければなりません。

――**初代中村吉右衛門《きちえもん》**（一八八六―一九五四）

ここで一言！

歌舞伎の興行は平均して毎月二十五日間ですが、毎日繰り返されているとは思えないほどの名演に出会うことも少なくありません。

日々新たな気持ちで

舞台が手馴れるにつれ、いろいろ工夫も生まれてくるもので、また自分の欠点もよくわかりますから、苦労が増えて気が抜けるどころではありません。この方は毎日やって飽きるかもしれませんが、お客さまは毎日新しいのだと思うと、一分《いちぶ》もおろそかにはできないような気がして、かえって気がつまります。

――初代中村吉右衛門《きちえもん》（一八八六―一九五四）

ここで一言!

初代中村吉右衛門はたいへん細やかな俳優で、緻密で丁寧な役作りをするため、役によって楽屋での雰囲気すら変わったといいます。

日常生活から役を作る

（菅原伝授手習鑑《すがわらでんじゅてならいかがみ》の菅原道真を勤めるにあたって）

特にこのお役は、上手いとか下手というような技術的なことを超越して、内面から醸し出すものがないといけません。天神様になりきるように勤めます。ですから、このお役のときは日常生活においても気を遣います。まず、牛肉はいただかない。牛は天神様のお使い姫ですからね。父と祖父もそうでしたが、とにかく精進潔斎《しょうじんけっさい》して勤めます。夜の街へ遊びに出ることもありません（笑）。

――十五代目片岡仁左衛門《にざえもん》

ここで一言！

十三代目片岡仁左衛門の菅丞相（かんしょうじょう）は「まるで本物の天神様のようだ」と評されました。十五代目片岡仁左衛門もまた、菅丞相を当たり役としています。

お客様を忘れる

お客さまに褒められたいと思うなら、逆にお客さまに見せようという心は忘れて、芝居の世界を真実の世界と思って、精一杯やることだ。

——**初代坂田藤十郎《とうじゅうろう》**（一六四七—一七〇九）

ここで一言!

歌舞伎では「前受けを狙う」と言って、お客に媚びるような演じ方を戒めていますが、この話などは、その原点と言えそうです。

見せようとしない

（七代目松本幸四郎《こうしろう》が十四歳の頃、贔屓の客から言われた言葉として）

勘右衛門《かんえもん》さん、息子さんの踊りは面白くございませんよ。それは息子さんは見せようという気持ちで踊りなさるからですよ。人間というものはおかしなもので、食べてはならぬと言われるとよけい食べたくなるもので、見せようとする踊りは見たくないものです。素直に踊っていなさる踊りはまことに面白いと思って拝見できますが、その点ではまだまだお父さんには及びませんね。

――**七代目松本幸四郎《こうしろう》**（一八七〇―一九四九）

ここで一言！

七代目松本幸四郎は舞踊家の藤間勘右衛門の養子で、俳優以外に藤間流家元という顔もありました。

心の中で踊りつづける

二人で交互に踊る演目があるでしょう。そうすると、もう一人は囃子方《はやしかた》の前に座って控えてることになります。

このとき、湯などを飲んで一息ついてしまう役者が多い。だが、本当は控えている間も、心の中で踊りつづけていることが大切なんです。そうでないと後姿も美しくなく、踊りのイキが切れてしまうことになりますからね。

――**初代松本名左衛門《なざえもん》**（十七世紀前半に活躍）

囃子方
長唄などの奏者のこと。

ここで一言！

歌舞伎は長唄、清元（きよもと）、常磐津（ときわず）など奏者が舞台の上に居並びます。西洋がオーケストラピットで奏者を隠すのとは正反対の美学と言えるでしょう。

すなおに力一杯に踊る

この芸の有難さは踊っている間はわかりません。とにかく、舞台に出ている間は夢中です。ほんとうに無我の境にいます。それでこそ、いいのではないでしょうか。踊りに限らず、何事も同じでしょうが、邪念やわだかまりがあってはいけません。今日は誰某《だれそれ》が見ているから一つうまく踊ってやろうなどと思って、舞台へ上ると、きまってよくゆかないものです。心を空しくして、すなおに自分の力一杯に踊ればよいのです。

——七代目坂東三津五郎《みつごろう》（一八八二―一九六一）

ここで一言！

七代目坂東三津五郎は、踊りの神様と呼ばれた人でした。天国の先輩やご先祖様に見られている心で踊るのだと言って、常に舞台を大切にしたそうです。

いつ見ても良い花になる

先日の花見でのことですけどね。みなさん梅は見飽きたのか、珍しい花ばかりお喜びなのよ。けれど、私の心に残ったのは一本の梅の木。その手入れの行き届いた様子に感心してねぇ。

思えば芸もそうしたものじゃないかしら。女形は女の情が基本。それを目新しくしようと、おかしみを強調したり、強さを押し出したら、珍しい花にはなれても、「いつ見ても良い花だ」とは言って頂けないんじゃないかしら。

――**初代芳沢あやめ**（一六七三―一七二九）

ここで一言！

あやめの時代はまだ女形の芸が現代のようになる前で、より女性に近づくことを志向していましたが、奇をてらわない、という点はいつの時代も共通しているようです。

脚本は「楽譜」

脚本と俳優の演劇におけるは、音符と演奏家の音楽におけると一般である。作曲家の考えた音符を、自分の弾きよいように直して演奏するのでは、本当の演奏家とは言われない。音符を生かす、生かさぬは、すなわちその演奏家の才能にあるのだと、自分は固く信じている。

——二代目市川左團次《さだんじ》（一八八〇—一九四〇）

ここで一言!

同じ楽譜も演奏スタイルで大きく曲の印象が変わることがあります。つまり、それが俳優の個性であり「型」の違いということになるのでしょう。

一般である
ここでは「同様である」の意で用いられている。

家業には利口になる

おれなぞは世の中のことはなんにも知らぬので、よく人に笑われるが、舞台へ出るとフッ、フッと種々の思いつきが出る。ふだんは馬鹿でも、家業には利口にならねばいけない。

――七代目市川團蔵《だんぞう》（一八三六―一九一一）

ここで一言！

七代目市川團蔵は当時の幹部俳優と折り合いが悪く若い頃は苦労したといいます。五十を過ぎて和解して、晩年は名優と評されました。

食うためでは伸びない

ひと言だけセリフを喋る役をもらったとしますね。すると、この役者は、この場がくると出て、ひと言喋って、楽屋風呂に入って、化粧落とすと、さっさと帰ってしまう。他に仕事持っているんでしょうかね。でも、この人は前も後も芝居を見てないし、その流れも知らないんですね。役者が芝居を知らない、こりゃ困りもんです。

私のとこにテープを持ってきましてね。何々のセリフを喋ってくれっていうんです。そいで、それ持って、ありがとうって帰っていきますよ。あれで判るんでしょうかねえ。役者を食うためにやる、という人は、これでもいいだろう。けど、結局そういう人は、伸びませんね。いい役者にはなれない、ということです。

——**二代目中村又五郎《またごろう》**（一九一四—二〇〇九）

楽屋風呂
楽屋に設置された共同の風呂。幹部の楽屋には専用の風呂がある。

ここで一言!

池波正太郎の人気小説「剣客商売（けんかくしょうばい）」の主人公・秋山小兵衛は二代目中村又五郎をモデルにしたと、池波本人がエッセイの中であかしています。

物語を楽しんでもらう

（ある人が初代坂田藤十郎《とうじゅうろう》に、芝居は面白いがあなたの出番が少ないと不満を漏らした時のこと）

芝居が面白かったなら堪忍してください。私の芸の善し悪しはもうみなさんよくご存知ですし。そもそも芝居というのは藤十郎をご覧頂くものではなくて、物語を楽しんで頂くものですからね。

――**初代坂田藤十郎《とうじゅうろう》**（一六四七―一七〇九）

ここで一言！

「歌舞伎は役者を楽しむもの」と今も言われますが、最近では物語中心に楽しむ人も増えています。十七世紀の芸談でこうした話があるのは興味深いところです。

どんな作品でも精一杯やる

芸というのは、作品の善し悪しに関係無く、精一杯勤めることが大事なんです。そうすれば六十点、七十点というような作品も十分に見せる事もできますから。お客さまの顔色をうかがいながら演じては、うまくいかないものです。

――初代山下京右衛門《きょうえもん》（一六五二―一七一七）

ここで一言！

決して名作とは言えないのに、いまも人気を保っている作品は数多くあります。そこに俳優の芸が加わることで作品が生きるからなのでしょう。

大詰めこそ集中する

敵役《かたきやく》が大詰めで「ええ口惜しい！ 企みが露見したか。家来ども、一人残らず討って取れ！」となるのは定番の流れだ。そのせいか、このセリフを聞くとみんな「あぁ、あと少しで終わりだ」とばかりに気が抜けやすい。しかし大詰めというのは大切な場面なんだ。だから私ぁ大詰めになると、なお集中してセリフも力強く、「まだまだ終わりではない」との気持ちで演じるようにしているんだよ。

――**初代片岡仁左衛門《にざえもん》**（一六六五―一七一五）

大詰め
芝居全体の終幕のこと。

ここで一言！

こうした場面は時代物と呼ばれる芝居に多いのですが、徳川幕府成立以前の時代を背景にした芝居のことで、当時の人にとっての「時代物」というわけです。

芸風にあう役を選ぶ

芸風に合う役、合わない役というのは自分で分かっているものだ。合わない役で当りを取ったとしても、役には立たないと思いなさい。

——二代目市川團十郎《だんじゅうろう》（一六八八―一七五九）

ここで一言！

「ニン」という俳優の身体条件や芸風を指す言葉があります。歌舞伎は演者を前提とした当て書きが多く、通常の演劇よりも「らしさ」が重視されるのです。

小手先の工夫をしない

もし道化役を志すなら、弥五七《やごしち》の真似だけはするもんじゃないよ。今度の芝居で『ただいま大殿様、お亡くなりあそばしました』と聞いてみんなが驚く場面で弥五七は『南無三宝！　寝耳に牛がへえったようだ！』と言ってるよね。いくらお客さまが笑ってくださるからって、あれはだめだ。道化というのは不調法で阿呆なものだが、『寝耳に牛が入る』なんていうのは幇間《ほうかん》なんかの軽口さ。大殿が亡くなったと聞いて、寝耳に牛なんて言うと思うかい？　誰だって寝耳に水と言うさ。私なら『寝耳に水』と言いながらお客さまを笑わせることを目指すね。

——初代坂田藤十郎《とうじゅうろう》（一六四七—一七〇九）

道化
愚かしさなどを強調して笑わせる役。

幇間
太鼓持ちとも。客の座敷に呼ばれて芸を披露する芸人。

ここで一言！

コメディとは本来、演じてるものは極めて真面目にやるから面白いとも言われますが、十七世紀の時点でこうした芸談が残っているのは驚きです。

人の情に新旧はない

誰それの芝居は古くさくて今の人には受けないなどと他人様のことばかり言うものがおりますが、的を射ているとは言えませんな。そもそも芝居とは老若男女・身分の高下、あらゆる人の情・心を表すものでしょう。人の心に古いも新しいもあるもんですか。衣装は時々の流行を取り入れればいいでしょう。だが人の心に流行り廃《すた》りというのはおかしい。たとえば鬘はどうです。老人の白髪が古くさいといって、全員が黒髪では芝居にはなりませんよ。

——佐渡嶋長五郎《ちょうごろう》（一七〇〇—一七五七）

ここで一言！

人の情に流行り廃りはない、というのは本当でしょう。この当時書かれた芝居が、いまなお人の心を打ち、多くのお客さまを魅了しています。

腹の底からセリフを言う

セリフは覚えたら一度忘れてしまうことだ。そしてまた新しく覚える。すると今度は本当の自分の腹からセリフが出てくるし、個性というものが出てくる。舞台に出て、もしセリフがつかえたりすると、ややもすると自分が丸出しになり、味も何もなくなって醜態を演ずることになる。

――**九代目市川團十郎《だんじゅうろう》**（一八三八―一九〇三）

ここで一言!

初代坂田藤十郎も同様の芸談を残しています。九代目市川團十郎は、さらにその役としてセリフが言えれば、正確でなくとも良いと考えていたようです。

短所の指摘より長所を生かす

それではしにくいからこうしてくれ、ああしてくれと言って、自分のしやすいように他人の芸に干渉することを「やかましい」とか「いじる」と言いますが、これはあまり意味がありません。

どれほどヤキモキして他人のやり方に干渉しても、相手に腕がなければこちらの思う様にはなりません。また、もしこちらの注文を何でもこなせて、自分の思った通りにやれる人なら、すでに自分の考えを持ってやっているでしょうから、やはり他人の言うことは聞かないでしょう。

しかし、どんなに平凡に見える人にも、その人ならではの長所がありとす。相手役になる者がその長所に合うようにしていけば、やはり見るに耐える芝居になるものなのです。

――九代目市川團十郎《だんじゅうろう》（一八三八―一九〇三）

ここで一言！

九代目市川團十郎は男の実子がなく、七代目松本幸四郎の長男が養子に入り十一代目を継承しました。当代市川海老蔵は十一代目の孫にあたります。

再演には安心が潜んでいる

我々にしても初役を勤める時には、それが相当難しいにしても、一生懸命に身を入れて覚えますから、どうにかこなしては行きますが、再演の場合には、前に一度やったという安心が潜んでいるため、必ず最初の時よりは拙くなるのが普通とされています。その二度目を第一のできばえより以上に、演じられるように稽古も積み、心持ちも締めてかかれば、芸の落ちるわけはないはずなのですが、とかく油断が坂を下りる車のように走りすぎて、下へ下へと流れがちのもので、最も用心をしなければならないことだとは、先輩達もたびたび言われてることで、私どももそのあたりにはできる限りの注意を払っています。

——六代目尾上梅幸《ばいこう》（一八七〇—一九三四）

ここで一言！

初役のときは俳優ばかりでなく、観客側にも特別な思いがするものですが、二度目からは劇評なども厳しくなっていく傾向にあるようです。

三十の芸には五十の工夫

仮に演《だ》しもののできる（自分で演目を決められる）一人前の役者になりましたにしても、舞台の芸は稽古中に工夫を重ねたことの半分も判然とあらわせるものではないので、まず三十の芸を見せますのには、五十の工夫が入用であると申しても過言ではなかろうと信じます。

――七代目市川中車《ちゅうしゃ》（一八六〇―一九三六）

ここで一言！

現在はなかなか稽古に日数を取ることができないと言いますが、俳優は自宅に板張りの稽古場を持ち、日々修行を重ね、一年中休みなく過ごしているようです。

教えられない間

おじさん（九代目市川團十郎《だんじゅうろう》）はこうも言いました。
「踊りの間《ま》というものに二種ある。教えられる間と、教えられない間だ。とりわけ大切なのは教えられない方の間だけれど、これは天性持って生まれてくるものだ。教えてできる間は間という字を書く。教えてもできない間は魔の字を書く。私は教えてできる方の間を教えるから、それから先の教えようのない魔の方は、自分の力で探りあてることが肝腎だ」との教訓でしたが、これが用意に会得できるものではないのです。

――**六代目尾上菊五郎《きくごろう》**（一八八五―一九四九）

ここで一言！

間は歌舞伎の演技の中でも非常に重要です。セリフとセリフの間、踊りの間、動作と動作をつなぐ間……。そのわずかな違いで芝居に余韻や感動が生まれます。

精一杯だけでは芸にならない

よく「あの役者の芸は精一杯だから、見ていて力が入る」なんて仰る方があるようですが、芸は相撲じゃありませんから、精一杯だの、力限《ちからかぎ》りだのと、うわべだけで分かるものじゃありませんよ。一つはなんです、そのお人の持ち味というものが大事なんで。……これがなかったら、どれほど力一杯、精一杯でも「芸」ということにァなりますまい。

――四代目尾上松助《まつすけ》（一八四三―一九二八）

ここで一言！

若いうちに思い切りやるからこそ、この芸談のような境地に至るとも言えます。実際、若手の力演には爽やかな感動があり、演目によってはそれが生きることもあります。

器用より不器用

器用ということは、もとより良いことではあるが、しかし、あまりにコセコセとして、些末にとらわれる小細工よりも、かえって余韻嫋々たる不器用の方が、芸術としては、数等優れている場合が多々あるように思われる。

——二代目市川左團次《さだんじ》（一八八〇—一九四〇）

ここで一言！

歌舞伎における技巧の面白さというのも無視できないもので、つまり俳優自身の持ち味を生かしていくことが大切なのでしょう。

舞台裏でも気を抜かない

（市川蝦十郎《えびじゅうろう》という役者が、「寺子屋」という芝居で首桶に首を入れ忘れてしまった時のこと）

しかしお前が（中略）勢い込んで奥へ入った具合では、どうも首を忘れる気遣いはないのだが。お前は暖簾口へ入ってから汗を拭いて湯でも飲みはしなかったかと言われ、実はあの時汗を拭いて息をついたのですと答えると、イヤそれでお前は首を忘れたのだ。第一これが芝居だからいいが、もしお前が本当の源蔵だったらどうだ。大切な主人の若君の首を斬りに奥へ入って、汗を拭いたり湯を飲んだりしている場合ではなかろう。あそこで汗を拭いて湯を飲んでいる間に源蔵を忘れて、蝦十郎になってしまったから、肝腎の首を忘れて出たのだ。

——**七代目市川團十郎《だんじゅうろう》**（一七九一—一八五九）

ここで一言!

「寺子屋」は現在も人気の演目で、主君の若君を守るために我が子を犠牲にするという悲劇が描かれます。

誰かが見てくれている

(演じ方について四代目中村歌右衛門《うたえもん》が指摘を受けた時のこと)

歌右衛門はなるほどと思って、さっそく翌日から改める事にはしたものの、その晩うちへ帰ってからいつになくふさぎ込んでいるんで、女房が心配して「親方、気分でも悪いんですか」と聞くと、歌右衛門は右の話をして「明日からはもちろん改めるが、昨日までのご見物に対して、私の不心得であった事の取り返しがつかない」と言ったそうですが、いい話ですね。本当の役者気質《かたぎ》ですよ。一生懸命に役の性根に入ってゆけば、必ずそれだけに役が生きるんです。しかも大勢の見物の中に、誰かには見てもらえるんです。心がけなけりゃあならない事だと思いますね。

――**六代目尾上菊五郎《きくごろう》**(一八八五―一九四九)

ここで一言!

四代目中村歌右衛門は十九世紀半ばに活躍した江戸の役者です。現在は女形の名前ですが、四代目は立役に多く当たり役があったようです。

芸には種も仕掛けもない

「芸」には、種仕掛けのあるわけがねぇんで。……これがつまり、見せ物との大きな違いですよ。

――四代目尾上松助《まつすけ》（一八四三―一九二八）

ここで一言！

四代目尾上松助は門閥外からの叩き上げで、ついには脇役の名人と言われました。研究熱心でも有名で、その自負が芸談にも表れています。

誠心誠意はご機嫌取りではない

誠心誠意で芸をすることと、お客さまの気に入られようとすることは似ているようですが、実は反対のことなのです。気に入られようとすることにはどこか偽りの心があるものです。もともとお芝居は嘘のことを演じるものですから、よほど真実味がなければ、嘘があらわれてしまいます。ですから虚実論などということを元禄時代から芸の世界ではいろいろと言っているのです。嘘のことを本当らしく見せるのはお客のご機嫌を取ってなぞという考えではできるものではないと思います。

――八代目坂東三津五郎《みつごろう》（一九〇六―一九七五）

元禄時代
一六八八年から一七〇四年までの期間。

ここで一言！

歌舞伎では俳優の持つ愛嬌が魅力の一つになっていますが、ウケを狙うのとは混同できないところです。愛嬌は何をせずとも現れてくるものといえます。

役者に年齢なし

さて昔からの言葉に、役者に年齢なしと言ってあります。これは自分の年齢が六十歳、七十歳になった時、舞台の上で若い役を勤めるのに、いかに厚化粧で生地《きじ》を塗り隠すとはいえ、実際の六十歳七十歳の気でいたのでは、所詮若い役に成り切って見せることはできません。つまり役者自身の心持ちを若くして勤めてこそ、そこに芸の力が加わって、艶《つや》も出れば色気も出るというものです。

――七代目市川中車《ちゅうしゃ》（一八六〇―一九三六）

ここで一言！

テレビや新聞記事で俳優の年齢が出ていると興醒めがするものです。特にベテラン役者の年齢は表示しない粋というものがあってもいいのではないでしょうか。

気持ちを若く保つために

私が日頃頭髪を染めていますのは、別に色気があって染めるの何のという訳じゃあないのです、一口に申せば舞台のためなので（中略）若返った役を致します時、楽屋にいまして鏡に向かったおりに、頭は羽二重《はぶたえ》を掛けるからそうでもありませんが、揉み上げの所から白髪が見えますと、顔をしていましても何だか気が差して馬鹿馬鹿しくなって、宗七とか小次郎とかいう気になれないのでございます。いったい役者は舞台へ出た時に、その人物になれば良いと思うようでは、到底良い役者にはなれないので、部屋にいて顔をしているうちから、その人物になった心持でいないでは、舞台へ出てもやはりその情が映らないのでございます。

――**五代目尾上菊五郎《きくごろう》**（一八四四―一九〇三）

羽二重
織物の一種。鬘の下地にする。

顔をする
化粧をする、の意。

宗七、小次郎
歌舞伎の十代、二十代の若者の例として挙げられている。

ここで一言！

五代目尾上菊五郎の扮装や化粧へのこだわりは有名で、眉毛を何度も描きなおすために幕間（休憩）が一時間にもなったことがあるそうです。

いいものを見せる

役者がいて、いい出し物もたくさんある。だから歌舞伎は大切、僕らはいいものを見せるしかない。お客さまが見たいものを提供するという視点が第一。このことは忘れてはいけないと思うんです。

――五代目坂東玉三郎《たまさぶろう》

出し物
演目のこと。

ここで一言!

これは客に媚びるという話ではありません。たとえば誰と誰の共演が見たい、こんな演目が見たいという需要に応えていこうという姿勢を示したものでしょう。

自分も楽しんでやる

お客さまに納得してもらうように精いっぱい勉強する。楽しい舞台を作れば、お客さまにも楽しんでもらえる。それが役者としての人生の務めだと思っているんです。だけど、そのために気負ってはいけませんし、その時その時を大切に、自分も楽しんでやらなくてはいけません。

――当代坂田藤十郎《とうじゅうろう》

ここで一言!

当代坂田藤十郎は強い熱意で上方歌舞伎の演目を絶やさぬ努力を続けています。何度やった役も、そのたびに工夫を絶やさぬ姿勢でも有名です。

出し物
演目のこと。

やればやるほど難しい

年々体がきかなくなるせいか、舞台にいてもなかなか骨が折れますよ。それに人様が何のかのと仰って下されば下さるだけ、嘘の芸はできませんから、やっぱり初役のつもりで、一生懸命に勤めております。いや、やればやるだけ難しいのが芸でございましょう。

――**四代目尾上松助《まつすけ》**（一八四三―一九二八）

ここで一言！

こうした脇役の名人たちは残念ながらそのひと一代ということも多く、脇役の人材については現代でも課題となっています。

役者の仕事は「今」にある

「役者はうまくなるのではない。だんだん下手になっていく。うまくなったと思うのは慣れからくる錯覚だよ」。これは亡き成駒屋《なりこまや》（六代目中村歌右衛門《うたえもん》）の小父《おじ》の言葉だ。（中略）役者としての仕事は、舞台上のせりふ、踊り、すべて「今」にしかない。だからこそ私は「今」が好きである。舞台というものは、「今」の命を体感することでしか成立しない。役者は、お客さまの心にいい舞台の思い出を残していくということしかできないのである。

――九代目松本幸四郎《こうしろう》

ここで一言！

歌舞伎に限らないでしょうが、俳優は常に今と先を見据えているといい、昔の名演を褒められるより、来月の芝居を楽しみにしてほしい、というのはよく聞きます。

芸に対してあやまる

舞台で失敗してもあやまらない者がいる。これは現在の若者の一般傾向らしいが、「すみません」「ごめんなさい」が言えないのだ。舞台で失敗した場合、これは相手にあやまるというより、芸に対してあやまるべきだ。

——**七代目尾上梅幸《ばいこう》**（一九一五—一九九五）

ここで一言!

七代目尾上梅幸には「拍手は幕が下りてから」という著作があり芝居をしっかりと見てほしいと願っていたようです。この言葉にその姿勢が感じられます。

自分の力で結果を残してこそ

村山平右衛門《へいえもん》という役者が坂田藤十郎《とうじゅうろう》（初代）に礼を述べたのだが……

「初めて江戸の顔見世興行に出向いたときから、何事もあなたを手本にして、どんな役でも真似をさせて頂きました。いいものは、どこに行ってもウケますから、おかげさまで江戸でも中堅以上の役者としてやっていけるようになりました」。

藤十郎はかぶりをふり「それはいけません。芸は自分の力で一流の結果を残してこそでしょう。私を手本にする限り、私を追い抜くことはできないじゃありませんか。もっとご自分なりの工夫をするよう心がけなさい」と答えたという。

――**初代坂田藤十郎《とうじゅうろう》**（一六四七―一七〇九）

ここで一言！

ここでいう手本とは物真似に近いものだったのでしょう。特に上方の俳優は型よりも芸風を重んじますから、自分にあった工夫をせよ、ということなのでしょう。

役者としての覚悟を貫く

三代目瀬川菊之丞《きくのじょう》が、まだ市山富三郎《とみさぶろう》を名乗っていた頃の話。嵐雛助《あらしひなすけ》が太りすぎたのを理由に女形から立役に転向することになり、富三郎に「お前さんに雛助の名前を譲ろうか？」ともちかけた。

「こんな私にお名前を下さるというのは本当にありがたく存じます。けれど、私は生涯を女形で通していくつもりです。女形の名前ならありがたく頂戴しますが、女形をやめて立役になるような方のお名前は残念ながら頂きかねます。ご容赦ください」

——三代目瀬川菊之丞《きくのじょう》（一七五一—一八一〇）

ここで一言！

良い名前の譲渡は魅力的な話だったはずですが、この心がけがあればこそ、二代目瀬川菊之丞が後継者として指名したのでしょう。

自分自身の人形遣いを持つ

たとえば、何か報告に帰ってくる役をするとしまさァ。全軍が死んでしまって、傷だらけで息もたえだえで帰ってきたら、もし実際のそんな人なら声も出ないだろうし、興奮もしてるだろうし、何を言ってるかわからなくなるでしょう。それをそのような人にセリフも言い、しぐさもして、しかも苦しそうに恐ろしそうに悲しそうに、お客に分からせなくてはならないのです。そうでしょう?

ですから、役の後ろにはしっかりした自分がついていて、コントロールしなくてはならないんですよ。自分自身の人形遣いが入用なんです。もちろん、その人形遣いが目につくようでは駄目ですがね。一生懸命も必要だが、夢中になってしまってはいけない。まぁ、そうは言うものの、なかなかできないことですよ。

――三代目尾上多賀之丞《たがのじょう》(一八八九―一九七八)

人形遣い
ここでは文楽における人形遣いをイメージしていると考えられる。

ここで一言!

この芸談は世阿弥の「離見の見」や文楽における出遣いを想起させ、表現や演技というものの本質を考えさせられます。

八分目にとどめる

これは行儀といっていいかどうかわからないけれども、「ものごとは十できても、それを九つか八つにとめておく」ということがある。これはなかなかむずかしいことだが、含蓄のある教えだと思う。つまりなまけるという意味ではなく、たとえば絵でいう〝空間の美〟とでも言おうか。十しかできないのに十一も十二もはみだしてやるべきではなく、八分目にとどめておくべきだということだ。

――二代目尾上松緑《しょうろく》（一九一三―一九八九）

ここで一言！

二代目尾上松緑は七代目松本幸四郎の次男ですが、六代目尾上菊五郎の手元で修行を積んだ名優で、昭和後期の歌舞伎を支えたひとりでした。

名人は千人に一人

冗談にもお前さん、そんなことを言っちゃあいけません。名人なんて言われるお人は、何芸にだって、そう滅多にあるもんじゃございませんよ。さようですとも、千人の中から一人出るのが本当の名人なんで。……浄瑠璃で摂津大掾《せっつのだいじょう》さん、落語で円朝《えんちょう》さん、こんなお人はみんな名人でした。さようさ、そこが芸の尊いところなんでございましょう。

——**四代目尾上松助《まつすけ》**（一八四三—一九二八）

摂津大掾、円朝
前者は文楽の大夫、後者は落語の名人と呼ばれた。

ここで一言！

自分が見たのが最後の名人だと思うのは各世代に共通しているようで、上の世代が下に向かって「誰それを見ていないのは可哀そうだ」というのが繰り返されています。

気を入れるのは当然

よくご見物衆は、役者が気を入れるとか、入れないとか仰いますが、役者が舞台で気を入れなかった日には、どんな芝居だって、できるわけのものじゃあありません。他のお人は知らず、私はガキの時分から今日まで、どんな仕勝手の悪い役でも、気を入れずにやったことなどは、ただの一度もありやぁしません。それが勤めだと思いますよ。

――四代目尾上松助《まつすけ》（一八四三―一九二八）

ここで一言！

大向うから「たっぷりと」と声が掛かることがありますが、元々はやる気が見えない俳優への「ちゃんとやってくれ」という野次の意味でした。

型のない芝居は難しい

芝居をしていて一番難しいのは、型のない狂言ですよ。型のあるものは型通りにやれば、曲がりなりにもできますが、型のない世話物のような芝居は、地の味で見せなけりゃあなりませんから、ちっとだって、意気を抜くなんてこたぁできやしません。それにお前さん、世話物で大切なのは、自分で喋ってねえ時の、肚《はら》の持ちようですよ。これを忘れたら、芝居は半分過ぎもういけますまい。

――**四代目尾上松助《まつすけ》**（一八四三―一九二八）

ここで一言！

歌舞伎で「狂言」という時は「芝居、演目」の意。「狂言立て」といえば、演目の並びのことを指します。

落ち着きを失わぬこと

私ゃね、近頃になってようやく後見《こうけん》のコツというものが、わかるような気がしてきましたよ。（中略）

たとえば、何かの狂言で眉間を割られるところがあったとします。そんな時、血紅《ちべに》を付けてもらう方の手が後ろへまわってしきりにもどかしがってる。そこで後見がぐっと落ち着いて、その手首をしっかり握って、ゆっくり血紅をつけてやると、役者さんのほうも自然と舞台に落ち着きが出るんです。

――中村秀十郎《ひでじゅうろう》（一八九七―一九六〇）

ここで一言！

中村秀十郎は初代中村吉右衛門の門弟。後見は舞台で師匠の補佐をする役割で黒衣が有名ですが、芝居によってきちんと着物を着て顔を隠さない後見もあります。

出る前の時間が大切

私は弓も引きますが、弓も、矢をこう引いたとき的に当てようなんて思ったら、もう、もういけません。放れたら、それっきりなんだが、こう引いた瞬間、邪念が入ったらだめです。これが芝居とまた同じで、あなた、私ども、揚幕《あげまく》を出たが最後、どうなります？　矢が弓を放れたのと同じですよ。だから、私は揚幕を出る前、花道へこれからかかる前は一番大切だと思うんだ。揚幕へなるたけ早く行ってじっと待っています。「陣屋」の熊谷《くまがえ》だの「寺子屋」の源蔵《げんぞう》だのは、身に余る苦衷をもって出てゆくんですから、よほどこう出る前の時間が大切です。揚幕にいる時には、他の人から世間話なんかされても熊谷がどう返事のしようもないわけですよ。

――**初代中村吉右衛門《きちえもん》**（一八八六―一九五四）

陣屋
「一谷嫩軍記（いちのたにふたばぐんき）」のうち「熊谷陣屋」の場のこと。熊谷次郎直実はその主人公。

寺子屋
「菅原伝授手習鑑（すがわらでんじゅてならいかがみ）」のうち「寺子屋」の場のこと。

ここで一言！

揚幕というのは花道の出入り口にかけられたカーテン様のもの。役者の出にチャリンと音を立てて開けて客席の興奮を誘ったり、深刻な場面ではソッと音を立てずに開けることもあります。

臭いことが臭く見えないように

ひとの芝居を見て、俺はあんな臭いことはせん、という人がある。まことに結構なことや。けど、臭いことをせんのと、できんのとは違う。臭いことがやれながら、臭いことをせなんだ人が何人あるやろ？　臭いことをしながら、臭う見えなんだ役者が何人あったやろ？　わてもそんな役者になりたいと思うて勉強してきたが、まだ半分も来んうちに、日暮れて道遠しや……。（中略）

「すし屋」の権太《ごんた》にしてもそうや。かりに東京では「面上《つら》げさらせ」を、立ち身のままやる、形はよろしい。けど、わては、左の膝をついて、両手を妻子の頤《おとがい》にかけ、目の前へ松明《たいまつ》をつきつけさせる。そして「ああ、けむたいけむたい」と涙を煙にまぎらせる。が、東京でやると、臭いと言やはる。「泣きたけりゃ、揚幕で泣いてこい」と無茶言やはる。臭いのやない。そこが、大阪の芝居のコクというもんや。

——二代目実川延若《えんじゃく》（一八七七—一九五一）

すし屋
「義経千本桜」のうち「すし屋」の場のこと。

ここで一言！

「すし屋」は現在の奈良県が舞台。ところが江戸では主人公の権太を江戸っ子好みにスッキリ演じるのが型になっています。

時代を映しながら伝統を受け継ぐ

時代が変われば、お客さんの好みも変わってきますし、やりたくてもできない狂言もあります。一方ではそうした時代の好みを芸に入れつつ、一方では、伝統を受け継いでいく。そこに歌舞伎の生命があり、おもしろさがあるのです。

——十三代目片岡仁左衛門《にざえもん》（一九〇三―一九九四）

ここで一言！

歌舞伎で頻繁に上演される演目は七百程度と言われますが、一方で演目数は二千以上もあるといいます。

独り合点ではすまない

しかし、初めてのお客さまに観ていただくには、それなりの工夫がいるということです。これが本格なのだからこれを観なさいでは、なかなか歌舞伎についてきて下さらない。何が何でもリアルにしろというのではなく、どうすればわかってもらえるかということに気を配る必要があるということです。

（中略）これがいいものですよ、といくら役者が言ってみても、お客さまがそうだと認めて下さらなければ興行は成り立たない。役者の独り合点ではすまない面がある。

——**十三代目片岡仁左衛門《にざえもん》**（一九〇三—一九九四）

ここで一言！

現在はイヤホンガイドや字幕ガイドの貸し出しもあります。また国立劇場の鑑賞教室では事前の解説など様々な工夫をしています。

芸を練り続ける

古典は既成のもので形も何も整っていますから、その上をなぞって行けばできるようなものですけれども、そうはいかないのです。練りが足りない、ということでしょうか。やらせていただく時に、もう一つ練っていないといけないという感じがいたします。この、「もう一つ練る」というのが、言葉の上では簡単なのですが、実際に芸の上で「練る」ということは、非常にたいへんなのです。出し物によっては、前に演じた時から時間が空いてしまって、芸の水準が下がってしまっているものもありますから、それを「練る」というのは、孤独な作業です。鏡を前にして稽古をして、自分との闘いでしょうか。自分で「これでいいかな」とか「ここまでにしようかな」と思ってしまったら、そこで芸はストップしてしまいますから、そうならないようにたゆまぬ努力が必要だと思います。

――四代目中村雀右衛門《じゃくえもん》（一九二〇―二〇一二）

ここで一言！

四代目中村雀右衛門は私生活も若々しく、七十を過ぎても革ジャンにサングラスで楽屋入りをし、ファンからはジャックという愛称で親しまれるなど、現代的な一面もありました。

気品は派手・地味に左右されない

この「鏡獅子《かがみじし》」という踊りは気品が身上《しんしょう》だなと感じました。前半のお小《こ》姓《しょう》弥生《やよい》のふっくらとした恥じらいを含む色気のある気品。後《のち》ジテの百獣の王、獅子のリンとした迫力ある気品……。近頃はややもすれば動かないのが品があり動けば気品に欠ける、派手なものは品に欠け地味なものには品があるなどと、観る方も演る方も浅く解釈して踊りを次元の低いつまらないものにしているきらいがあります。しかし六代目（尾上菊五郎《きくごろう》）は動いている、動いている、しかも派手だ。それに加えてなんとも言えない品があります。よく考えてみると派手、地味というものは観る人の好き嫌いの問題で、芸を位づける気品とは別に区別されるものではないだろうかと思います。

――二代目市川猿翁《えんおう》

後ジテ
前半後半でガラリと役が変わるときなどに用いられる呼称。前半は前シテ。

ここで一言！

六代目尾上菊五郎といえば「鏡獅子」というほどの当たり役です。記録映画が残っており、今もその素晴らしい芸を垣間見ることができます。

師匠に似せるほど役から離れる

（三代目中村芝翫《しかん》の熊谷が、師匠の四代目中村歌右衛門《うたえもん》によく似ているというのだが……）

翌年、歌右衛門さんが熊谷を出されたんだよ。そうしたら、やる事は同じなのに、芝翫とは格段の違いで、もうみんなビックリしてね。その時、路之助《みちのすけ》が歌右衛門さんと話していて、

「ふと気づいたんですけど。親方は熊谷の身分はこのくらいで、性格はこんなだろうと考えながら勤めておいでだと思うんですよ。ところが芝翫の方は、こうしたら師匠に似るかな、こうすれば歌右衛門になれるかなと工夫してるわけですよ。かたや熊谷に、かたや歌右衛門になろうというんだから、そりゃあ良さが違うわけですよ」と二人で大笑いしてましたわ。

——**三代目中村仲蔵《なかぞう》**（一八〇九—一八八六）

ここで一言！

俳優同士の呼びかけには「親方」「旦那」「にいさん」「おじさん」など相手との関係でいろいろあり、いまでもインタビューや対談の中によく出てきます。

見せる芝居を超える

（仮名手本忠臣蔵「四段目扇ヶ谷塩冶判官《えんやはんがん》切腹の場」の大星由良之助《おおぼしゆらのすけ》について）

〽由良之助にじり寄り……で遺骸のところへ膝詰めで行くんだけども、このときはほんとに自分の体が重い。やっとの思いで近寄り、遺骸の背中に載せてある切腹を命じる上意書を三方にのせ、判官さんの膝を伸ばして衣服を整えます。ここではやはり愛情をもって心の中でお念仏をとなえながら、やはり亡骸に対しての愛情がないとね。「四段目《よだんめ》」は、見せる芝居じゃなく、覗かれている、お客さんもその場に一緒にいてそれを見ている、という思いになっていただけたら有難い。

――十五代目片岡仁左衛門《にざえもん》

判官
塩冶判官。大星由良之助の主君。史実の浅野内匠頭。

上意書
ここでは判官に切腹を言い渡す文書。

ここで一言！

「仮名手本忠臣蔵」の四段目は別名「通さん場（とおさんば）」。開幕すると客席への出入りができません。それだけ厳粛な空気を要求する場面なのです。

一世一代のセリフを毎日言う

九代目（市川團十郎《だんじゅうろう》）さんが「地震加藤」を出した時、花道の血を吐くような述懐のセリフについて、「あのセリフは清正公《せいしょうこう》一世一代のセリフだが、役者はそれを毎日言うのだ。よほど心を引き締めて言わないと、一世一代のセリフの感じが出ない」と申されましたが、よい言葉だと思い、気の緩みかかる毎日に、この言葉を思い出して戒めとしています。

――**初代中村吉右衛門《きちえもん》**（一八八六―一九四五）

ここで一言！

花道は舞台から直角に客席の中を通る舞台機構。ここが千変万化、川にも道にも空中にもなります。俳優を間近に感じることもできる歌舞伎には不可欠なもので単なる通路ではないのです。

地震加藤
九代目市川團十郎が初演した歴史劇。加藤清正が主人公。

会心の舞台とは

息の違いとは、つまりは人の心と心の違いですから、心して見れば、そこには争われないちぐはぐな感じがあるはずです。芸の難しさ、芸の楽しさ、芸のありがたさがそこにあるのです。実際、しっくり息の合った会心の舞台を終わった時の嬉しさは、この道に入った者だけに与えられた喜びです。

——七代目坂東三津五郎《みつごろう》（一八八二—一九六一）

ここで一言！

七代目坂東三津五郎と六代目尾上菊五郎とのコンビは非常に有名で、二人のために書かれた舞踊演目もありました。

丞相様
菅原道真のこと。歌舞伎では菅丞相と呼ぶ。

お客様に見えなくても

この短いせりふを陰で言ってから、次に人形として姿を現わすまでに、三十分か四十分あるんですよ。ですから衣装を着ずに部屋着のままでも別にお客さまには見えないわけですが、片岡家はちゃんと人間の時の丞相様《しょうじょうさま》の衣装と鬘をつけて、そこにいる通りの姿で座って、心をこめてせりふを言います。このお役は特にそういう心がけというのが全体に響いてくるんじゃないかな、と思えますから。

――十五代目片岡仁左衛門《にざえもん》

ここで一言!

この芝居では木像が動き出して菅丞相の危難を救う奇蹟が起きます。芸談の中に「人間の時の」という言葉が出てくるのはそのためです。

場の空気に呑まれない意志

（芝居）小屋では何やっても笑ってくれるでしょう。逆に、こういうところではきちっと喜劇をやらないとだめ。のっちゃったらね、怖いです。だから、品を崩しちゃいけないと思いましてね、そういう魔に踏み入れないようにしました。「こっち向いて」と言われても向きませんでした。向くときはいつも同じところを向いて、歌舞伎座と同じようにやりました。毎日、一つも変えてません。

――十八代目中村勘三郎《かんざぶろう》（一九五五―二〇一二）

ここで一言！

十八代目中村勘三郎は革新的な側面が注目されがちですが、それらは確かな技術と古典への深い畏敬の念に支えられていたことを忘れてはいけないでしょう。

代役は大きなチャンス

代役を頼まれたとしよう。そんなとき、「うまくいかなくても自分の失点にはならない」というような了見ではだめさ。一カ所でも、本役の役者より優れたところを見せられれば大きなチャンスになるんだからね。それをはき違えてしまえば、せっかく才能に恵まれていても低迷を続けることになってしまうからね。

――杉九兵衛《くへえ》（十七世紀後半に活躍）

ここで一言！

歌舞伎の代役は「三日御定法（みっかごじょうほう）」と呼ばれる習慣で、一度交代すると少なくとも三日演じます。そしてこの三日間は休んでいる俳優の型で演じるものとされています。

代役
不慮の病などで俳優が休演する際に代わりに演じること。

役になりきれば勝てる

初代坂田藤十郎がある役者に厳しく注意をしたことがある。霧波千寿《きりなみせんじゅ》が〝浄るり御前〟という主人役、神崎源次《げんじ》が〝十五夜〟という家来役の時である。

「おい源次、おまえさんのやり方は全くなっちゃいないよ！　いいかい。浄るり御前は主人で十五夜は家来だ。なのに主人、家来の隔てがちっとも見えやしないじゃないか。それというのもおまえさんの『千寿は一座の立《たて》女形《おやま》だろうが、なぁに芸の上では自分が勝ってやる』という楽屋の心が舞台へ出ちまってるからだ。

もし千寿に勝とうと思うなら浄るり御前を主人と立て、おまえさんは家来としての十五夜を精一杯演じるんだ。そうしてはじめて、千寿に勝てる可能性が生まれるのじゃないか」。

——**初代坂田藤十郎《とうじゅうろう》**（一六四七—一七〇九）

ここで一言！

若手同士の競演など、火花が散るような面白さがありますし、それが見所になることもあります。その競争の正しい形を示した芸談と言えそうです。

十分に余裕をもって準備をする

開場間際に楽屋入りをするとそのまま、すぐに化粧をしてぎりぎりの時間で間に合わせるなどは、知らず知らずのうちに人間がこせついて、自分では気がつかないでいても、舞台に影響のあるのは争われないものなのです。役者の心掛けとしては、少なくも楽屋入りは開演の一時間くらい前に入って、入浴をして体を清めて、化粧もていねいにすれば、自然役柄に同化することもできますし、衣裳鬘をつけた上で、落ち着いて出番を待って舞台へ出れば、幾分でも多くの役の心になって勤められるわけで、私などはその習慣に慣れていますから、役者になって今日まで、何十年来ただの一度も舞台をとちったことはありません。

――七代目市川中車《ちゅうしゃ》（一八六〇―一九三六）

楽屋入り
劇場へきて楽屋に支度に入ること。

ここで一言！

歌舞伎では、各役者とも出番の時間に相違があり、極端な場合は朝一の出番から、夜の部の最後まで六、七時間も空いてしまうことがあります。

逃げ道を考えながらではだめだ

「女形でうまくいかないようなら立役になろう」なんて思えば、とたんに芸は砂のように味気ないものになってしまうでしょうね。女が男にはなれないのと同じ。女が「もうやめた」と男になれるものじゃないでしょう？　そんな心がけの役者に「女の情」が出せないのは当たり前ですよ。

――初代芳沢あやめ（一六七三―一七二九）

ここで一言！

現代では、一人の役者が立役から女形まで多くの役を手がけることも珍しくありませんが、当時は役柄が細分化していたため、この芸談は今以上に意味があったことでしょう。

つぶしがきかない幸せ

私はねえ、女形一本で来たんです。まあ、つぶしがきかないんだけれど、それは今になってみれば幸せだったのよ。ひたすら歌舞伎の中で生きたいと、そればっかり思って今日まで来たの。舞台にプラスになることなら、他から何と言われようと、何でもやりました。これからもやっていきたいと思います。それしかないのよ。

――**六代目中村歌右衛門《うたえもん》**（一九一七―二〇〇一）

ここで一言!

六代目中村歌右衛門の芸は映像にも多く残っています。もちろん、映像には限界がありますが、その芸の面影を偲ぶことはできます。

第三章

育てる

「俺は上手だ」と思ってしまえばそれっきり

［市川家の教え（抜粋）］

◉良い人を見習い、悪い人の真似をしないこと。

◉形を真似るのはいけないが、心を真似るのは良い。

◉なにか珍しい事でもしなければお客さまに喜んで頂けないようではいけない。

◉偉くなるほど悪い点を指摘してくれる人がいなくなる。きちんと悪い事を見て、指摘してくれる人を作っておくこと。

◉いつまでも、一生「俺は未熟者だ」と思っておくこと。「俺は上手だ」と思ってしまえば、それっきりである。

◉良い役も、悪い役も同じように一生懸命する。悪い役だからと投げてしまえば一層悪く見えるものだ。悪い役ならなお工夫して、気を入れて演じること。

◉自分が思っているほど、人は細かく見ていないものだ。

◉お客さまに飽きられてしまうのも、忘れられてしまうのもいけない。


——五代目市川團十郎《だんじゅうろう》（一七四一—一八〇六）

ここで一言！

市川團十郎家と松本幸四郎家の関係は深く、互いの家を後継が行き来してきた歴史があります。この五代目市川團十郎も一度は四代目松本幸四郎を名乗った時期がありました。

本物を見聞きさせる

（父の七代目坂東三津五郎《みつごろう》は）毎晩、芝居から帰ると、摂津大掾《せっつのだいじょう》さん、大隈《おおすみ》大夫《だゆう》さん、常磐津林中《ときわずりんちゅう》さんのレコードを掛けて、名人の芸を聴かせては、摂津大掾さんの芸談、林中さんの間《ま》について話をしてくれます。（中略）役者というのはどれが良いという標準のないものだから、良い芸術を、多く見たり聴いたりしておかなければならないと、教えてくれます。

——八代目坂東三津五郎《みつごろう》

ここで一言！

ここに挙げられている人はいずれも文楽や邦楽の名人と呼ばれた人たちです。七代目坂東三津五郎は、本当に良いものがわかることが芸には必要だと考えていたのでしょう。

間近に先輩の芸を見る

「落人《おちうど》」が出ると決まるや、市村のおじさん（十五代目市村羽左衛門《うざえもん》）が「おい薫（権十郎《ごんじゅうろう》の本名）、俺が〝三段目〟の勘平《かんぺい》をやるから後見《こうけん》へ出ろ」。「へえ!?」。一座には録三郎はじめ、当時立派な後見をつとめ、いまも踊りの後見で立派に生活していられる方が大勢いる。しかし鶴のひと声でやらせて頂いたおかげで、二十五日間、勘平をまぢかに見ることが出来ました。(中略) 一日きりじゃない。ひと興行です。自然に覚えちゃう。それがいますべて私の財産になっています。本当に有難いことです。

——三代目河原崎権十郎《ごんじゅうろう》（一九一八—一九九八）

三段目の勘平
「仮名手本忠臣蔵」の三段目「道行旅路花婿（みちゆきたびじのはなむこ）」の主人公、早野勘平のこと。

後見
主演俳優の小道具を片づけたり、衣装の直しを手伝う補佐。芝居の登場人物ではない。

興行
公演のこと。

ここで一言!

三代目河原崎権十郎は若い頃、当時の九代目市川海老蔵（後の十一代目市川團十郎）に似ているといわれ、東横ホールで活躍したため「渋谷の海老様」の異名がありました。

暇があったらやって来な

改めて一から十までを教わろうと思うと、事が面倒になるから、ちょいちょいと遊びにくるがいい。そうすればその時々でいろいろな話もできるし、必ず何の役にでも応用のできる事もあって、つまりは自分の徳になるんだから、外へも遊びに行きたかろうが、まず商売の種を仕込んでおいて、それから遊んでも遅くはねぇから、暇があったらやって来な。

——**五代目尾上菊五郎《きくごろう》**（一八四四―一九〇三）

ここで一言！

十五代目市村羽左衛門は、「若い時の遊び盛りだったから」と五代目尾上菊五郎から逃げ回っていたという、笑ってしまう逸話があります。

扮装のまま挨拶にいく

初日には、親子でも幕の開く前には「どうぞお願いします」とあいさつする。すんでからは扮装のままで「どうもありがとうございました」という。これも昔の人の習慣なんですが、大変な知恵なんです。これは、私がいま、あいさつされる立場になったからわかるんですが、扮装をつけたままで「どうもありがとうございました」というから「アッ君、さっきのあそこのところは、ああじゃいけませんよ、こうするんだよ」といえるんです。これが扮装を解いて洋服を着て「先ほどはどうもありがとうございました」とくると、「やあお疲れさま」で終わってしまう。こちらもなおしてやるのを忘れてしまうんです。

——**八代目坂東三津五郎《みつごろう》**（一九〇六—一九七五）

ここで一言！

楽屋への挨拶は俳優同士の大切な礼儀ですが、女形はたとえ自分が先輩でも、後輩が恋人役なら自ら挨拶に出向くこともあるそうです。

下手だと指摘されたら

もし下手だと指摘されたなら、それはもう名人の道への出発点に立ったのだと思いなさい。どうにもならない者は、下手とも上手とも言ってもらえないのだから。

——初代澤村宗十郎《そうじゅうろう》（一六八五—一七五六）

ここで一言！

いまはもうなくなりましたが、むかしは客席から修行中の役者に「大根」などの掛け声が飛んだといいます。これは客席と俳優の間にしっかりと信頼関係があったからこそなのでしょう。

大勢の前で責めない

私は作者から物語の筋立てを聞く時はいつでも、その出来に関わらず、まずはほめるようにしています。そしていいセリフを書いてくれるように頼みます。
万一、良くないと感じた時は、こっそりと作者を部屋に呼ぶんです。それからもう一度話を聞く。そのうえで善し悪しを話し合って二人で直していくんです。間違っても、大勢のいる場で責めるなんて事はしません。

――初代山下京右衛門《きょうえもん》（一六五二―一七一七）

筋立て
物語のあらすじ。

ここで一言！

初代山下京右衛門は初代坂田藤十郎と並び称された立役だと言われており、現代でも立派に通じる、こうした一流の指導論を持っていたことに驚かされます。

重の井
「恋女房染分手綱」の「重の井子別れの段」のこと。

天分を伸ばす

おじさん（九代目市川團十郎《だんじゅうろう》）は形をあんまり直さない人だった。「その形はそれでいい」といってむやみに形ばかり直さなかったな。「俺にはできねぇなぁ、お前のその形は」とも言ってくれた。こっちはそんな深い気持ちは分からないからおじさんの通りの形をしようとすると「いけねぇいけねぇ、お前はお前の形でやってゆけ。その形を磨いていけばいいんだ」と言った。

僕が八つの時だったかね。重《しげ》の井《い》の三吉をやった時、新十郎（九代目市川團十郎の門弟）が稽古をつけてくれた。そこはこうだ、ああだと直す。おじさんが見ていて「いけねぇいけねぇ、幸坊（菊五郎の本名は幸三）の通りでいいんだ。おめぇの方がまずい。幸坊は幸坊の天分でやっているんだ。おめぇのは作りごとだからいけねぇ」と言ったことを今でも憶えています。

――**六代目尾上菊五郎《きくごろう》**（一八八五―一九四九）

ここで一言!

五代目尾上菊五郎はわが子の踊りの天分を見込んでくれた九代目市川團十郎に、その教育を預けていたのです。

天性の名人は師匠に向かない

初代坂田藤十郎《とうじゅうろう》さんは天性の名人で、誰もが認める才能の持ち主ですよね。名優と呼ばれる立役は大勢いますが、彼に追いつける人はちょっといないでしょう。

ただね、だからこそ彼は師匠には向かないんですよ。植木職人が枝のあちらこちらと矯《た》め直して見事に育てた松と、自然のままで立派な松の違いと言えばおわかりになるでしょうか。

かたや、私の場合は下手なところから修行をしてきましたからね。どこをどう直せばいいか、がわかります。だから弟子にも教えてやれるし、また指導を頼まれる事も多いのでしょう。

しかし藤十郎さんのように生まれついての名人は直された経験がありませんから、どう教えていいかわからないわけですよ。そういう人は師匠には向きません。

――初代山下京右衛門《きょうえもん》（一六五二―一七一七）

ここで一言!

現代でも「名選手、必ずしも名監督ならず」という言葉がありますが、三百年以前の昔からすでにこうした言葉があったことに驚かされます。

頑張るほど師匠は応えてくれる

師匠を「釣り鐘」にたとえるなら、弟子は「鐘木《しゅもく》」だと言えましょう。小さな鐘木では本当の音は出ない。石ころであれば、そのように鳴る。もし、本来の鐘木で十分に鍛錬して打てば、山から里まで響いて時を知らせることもできるわけです。

——初代澤村宗十郎《そうじゅうろう》（一六八五―一七五六）

ここで一言！

幕末に山岡鉄舟が西郷隆盛を評した「小さく打てば小さく鳴り、大きく打てば大きく鳴る」との言葉がありますが、要は相手が応えてくれるかは、自分の実力次第ということなのでしょう。

こちらで合わせてやる

私が役のしぐさを聞いても「まぁ自分で考えろ」のほかは言いません。それでやると「面白くない」と言う。「ではどうすればいいのですか」と聞くと、相変わらず「考えろ」です。

それがたびたびなので門弟が見かねて「そんなことをおっしゃらずと、教えてあげて下さい」と頼むと「教えたところで、俺のやる通りにできるわけではない。教えると、その通りにやらねばならぬと思いつめるから、こっちでやりにくい。それよりどうでも自分の思い通りやれば、こっちで合わしてやる」

——**七代目市川團蔵《だんぞう》**（一八三六—一九一一）

ここで一言!

若手の技量に合わせながら、芝居を盛り上げるという芸談は他の俳優も残していますが、機会を与えた上で、本人の長所を生かそうという考えは現代の企業でも使えそうな話です。

若手を引き立てる

初代中村四郎五郎《しろごろう》が花形として売り出しているころのこと。山下京右衛門《きょうえもん》が同座し、大当たりの評判をとった。その夜、坂田藤十郎《とうじゅうろう》（初代）は京右衛門の楽屋を訪ねた。

「今日の初日、見せてもらったが、ずいぶんとひどいね。（中略）四郎五郎は若手の中でも、日の出の勢いと言ってもいい売り出し中の役者だよ。今回の芝居、お前さんの方が出番が先だ。それがあんなにお客さまを沸かせてしまったら、あとから出る四郎五郎はどうしようもないじゃあないか。なんで若手を助けてやろうとしないんだい」。

京右衛門も手を打って得心したという。

――**初代坂田藤十郎《とうじゅうろう》**（一六四七―一七〇九）

花形
若手のこれから売り出していく世代の役者。花形役者。

ここで一言！

俳優同士で教えあう習慣が歌舞伎にはありますが、こうして同格の俳優同士でも率直に指摘しあえる文化が日本にあったのは、現代の私たちにはかえって意外にも思えます。

疑問を感じさせてから教える

（二代目尾上松緑《しょうろく》が六代目尾上菊五郎《きくごろう》から踊りの教えを受けた時の話）

「おい豊《ゆたか》（松緑の本名）、おめえ何のためにここに出てくるんだかよく考えてみたか、おめえの役はいったい何だ」

「はい、旅あきんどです」

「そうか。で、唄の文句はどうなってる」

「花のお江戸をあとにして、です」

「そうだろう。おめえ江戸から遠い八丈島にきたんだろう。八丈島から江戸は見えやしねえが、フッと江戸を思って向こうを見る気にゃならねえのか」

そういえば私はただ荷物を背負い、菅笠《すげがさ》を持って無意味に素通りしていた。だから五回も六回もやり直しさせられたわけだ。なるほどと思って今度は遠くの蜃気楼でもながめるような振りをして通ると「それでいいんだ」とおゆるしがでる。
私は汗をふきふき、それならはじめからそう言ってくれればいいものを、と思ったが、そこがおじさんのつけ目で、さんざんやり直しをさせておいて、疑問を感じさせたところでピシャリ解答を与えてくれるのだ。だから的確に覚えることができる。

――**二代目尾上松緑《しょうろく》**（一九一三―一九八九）

ここで一言！

二代目尾上松緑は日本舞踊・藤間流の家元・藤間勘右衛門でもあり、その腕前は大いに定評がありました。その基礎を作ったのが、六代目尾上菊五郎でした。

基本があって新しいことができる

私は今、自分の子供たちや弟子には、古い事を俺がいるうちにちゃんと覚えておけと言っているんです。（中略）碁でも将棋でも基根さえきちっと守っていれば新手は打てるわけです。基根を知らないで打つのは、新手じゃなくて目先の変わったことをやってるだけなんです。それでは、先輩たちがいけないからやめたものをまたやるかもしれません。それは無駄なことですよ。ですから定石を覚えて打てば新手が打てる。新手というのは、前よりいいってことですからね。目先が変わっただけでは、いいと言えません。

――十七代目市村羽左衛門《うざえもん》（一九一六―二〇〇一）

基根
根本、根底のこと。

新手
囲碁、将棋の世界に限り「しんて」と読む。

定石
その道で最善の方法だと考えられること。

ここで一言！

十七代目市村羽左衛門は歌舞伎の故実に通じていましたが、その父、六代目坂東彦三郎も歌舞伎の歴史に詳しかったといいます。

悪い癖は真似ない

師匠（九代目市川團十郎《だんじゅうろう》）の真似なら悪いわけはないと思いまして、あの師匠の前屈《まえかが》みに歩くのを真似たところが、ある日「お前はなんだっておれの癖を真似るのだ。癖によいところはないからよせ」と叱られました。

——**七代目松本幸四郎《こうしろう》**（一八七〇—一九四九）

ここで一言！

現代でも、ある俳優が膝をかばうように演じていたため、足を痛めたのかと尋ねたら「〜さん（晩年に膝を痛めていた）がこうしていた」と答えたという話があります。

模倣でなく自分の長所を生かす

私が若い時から「掟《おきて》」ともいうほどに心がけてきたのは、人の模倣ではなく、どこまでも私ならではのあり方を出そうということだ。人には各々の長所があるのだから、他人の模倣をするのは大きな損になりかねない。もし人に良いところがあると思ったならそれは参考として、自分の長所に加えて、我がものにすることを心がけるべきなのだ。

――九代目市川團十郎《だんじゅうろう》（一八三八―一九〇三）

ここで一言！

九代目市川團十郎が残した型が、その後のスタンダードになっているのは、どこか皮肉ですが、江戸が「過去」になってしまって以降のやまれぬ選択肢だったのだと思われます。

子役のしつけ

私が仕込まれた頃の子役というものは、小《こ》マッチャクレて器用なことでもすると、頭から嫌われてしまいました。つまり子役はどこまでも子役らしく、可愛らしくするのが本格で、全体にあまりキチンとまとまり過ぎないように、これをわかりよく言えばあまり隅々まで行き届いて、利口が勝って小憎《こにく》らしく見えるよりは、子供の可愛らしさを残しておいて、それでいて極《きま》るところの正しいのをいいとしてありました。

——**七代目市川中車《ちゅうしゃ》**（一八六〇—一九三六）

ここで一言!

子役の芝居は独特の一本調子のセリフで、見ているひとの想像力が働いて、中途半端な演技で見るよりはるかに感動が深くなるものです。

骨惜しみをするな

（雪の中を歩く役の稽古で六代目尾上菊五郎《きくごろう》は雪が積もった庭を素足で歩かせたという）

私がぞうきんで足をふいて座敷へ上がるやいなや、母は涙を浮かべながら「誠三《せいぞう》」と言って私を抱きしめる。

「まぁ、こんなに足が赤くはれ上がって……寒かったろう」

そう言って私の足をあたためようとすると、父は「おい、誠三、おめぇそのままでもう一ぺん歩いて見ねぇ」と言う。母は足をあたためてからというのに、父はあたためてからでは気分が元に戻るからそのままで歩けと言う。私は死ぬ気になって畳の上を歩く。

「おおできた。そのイキでやるんだ。いまの気持ちを決して忘れちゃいけねぇぜ……誠三、さぞ寒かっただろうなぁ」。もう一度歩こうとする私を引き止めて、ぎゅっと抱いてくれた父の暖かい感触はいまでも覚えている。

（中略）

「まだ子供のおめえに言っても無理かもしれねぇが、人間骨惜しみをしちゃあならねぇ。今夜はつらかったろうが、これから先、雪の中を裸足で歩いたことがどれだけ役に立つか知れたもんじゃねぇぜ」

――**七代目尾上梅幸**《ばいこう》（一九一五―一九九五）

ここで一言！

現代ならば児童虐待だとの非難を受けるかもしれませんが、その後の活躍を思えば、決してそんなものではないことがわかります。

厳しい稽古から名人は生まれる

初代坂田藤十郎《とうじゅうろう》が主演の時の話だ。主人公が色街《いろまち》を夜更けに訪ね、門を叩く場面があった。ここで門番はあくびをしながら「誰だい？」という芝居をする。藤十郎は、この門番のセリフについて「それじゃあ夜が更ける前の声だよ」「そりゃあ明け方だ」と十五、六回も繰り返し稽古しなおさせたという。昔はこんな些細な場面ですら念を入れて稽古をしたので名人も育ったのだろう。最近では誰もが自分勝手になってきて稽古が足りないせいか名人もめったに見られなくなってしまった。

——**初代坂田藤十郎《とうじゅうろう》**（一六四七―一七〇九）

色街
遊郭（ゆうかく）。島原、吉原など。

ここで一言！

いまも歌舞伎の稽古は深夜に及びことがたびたびあると聞きます。幕が開くギリギリまで、芝居を工夫していくのは演劇人の共通点なのかもしれません。

踊りは花、芝居は実

踊りは歌舞伎の「花」、芝居は歌舞伎の「実」なの。踊りの目新しさばかり追いかけて芝居の腕を磨かなかったら、花だけがあって実を結ばないようなものよ。花がさくのは実を結ぶためでしょう？　芝居の実力をしっかりと身につけて、花に心配りをなさい。

――初代芳沢あやめ（一六七三―一七二九）

ここで一言！

現在、踊りと芝居が、花と実という関係性で語られることはあまりありませんが、歌舞伎俳優の基礎には踊りがあるということの原点のような芸談です。

横道へそれた工夫は駄目だ

芸はひとのしたまま真似てもいかぬが、横道へ入った工夫はなお駄目だ。そんなことでは所詮《しょせん》一人前の役者になれぬ。

――七代目市川團蔵《だんぞう》（一八三六―一九一一）

ここで一言！

横道の定義が難しいところですが、たとえば俳優への声援（大向う）なら芝居のためでなく、自分の受けを狙ったような声が「横道」ということになりそうです。

役者の不満は客席に伝わる

近頃では踊りが短い、セリフが少ないといちいち不満を言って、舞台を投げやりに勤める者が多くなりました。そうした態度は楽屋内にも、客席にもわかってしまうもので、ひどくみっともないことです。たとえセリフが一言でも、役の本質を捉え、それに相応しい演じ方をすれば、セリフの多い役にも負けないいんですがねえ……。もし目立ちたいために無理にセリフを長く言えば、観客もうんざりするし、物語を離れて無駄に時間を費やすことになります。それこそ我から望んで人に疎まれるようなものですよ。

――初代河原崎権之助《ごんのすけ》(?―一六九〇)

ここで一言!

現代では勝手にセリフを長々というようなことはありませんが、芝居のテンポを生かすと考えると、なるほど納得できる話です。

客も役者を育てる

こういう時（ブーム）が一番恐ろしいんです。役者は有頂天《うちょうてん》になってはいけないんで、足を踏み固める時なんです。お客さまもね、ほめてばかりいないで、おだててばかりいないで、少し辛口の批評をすることですよ。どうやってかって。そりゃ投書がいいですよ。この役者のここはよい、が、ここはまずい、とか単純なことでいいんで、別に評論家の先生じゃないんだから、技術的に難しいことは必要ないんで、それも主役級ばかりでなく、脇役の人のこともね。あの馬の脚がうまかった、駕籠《かご》のかき方がとてもよかったなどと投書がくれば、その馬の脚の役者、駕籠かきの役者にとって、これほど励ましになって嬉しいものはありませんからね。こうやって、お客さまも一緒になって役者を育てていってくだされば、ありがたいと思いますよ。

——**二代目中村又五郎《またごろう》**（一九一四—二〇〇九）

ここで一言！

いまも歌舞伎座には投書箱があります。現代ではネット投稿などが主流でしょうが、アナログな手段で伝えた方が俳優の手元には届きやすいかもしれません。

素直さが大切

玉川半太夫《はんだゆう》はけっして上手とは言えないひとだったけれど、素直でまっすぐな芸風で名を残した。かたや岩井平次郎《へいじろう》は上手だが、趣向を凝らしすぎて、いつしか見向きされなくなってしまった。心得ておきたいところだ。

――**福岡弥五四郎《やごしろう》**（十八世紀前半に活躍、狂言作者）

ここで一言！

素直さは舞台で嫌味なく爽やかに感じられるのは確かですから、お客から愛されたのだと思われます。

役者の心得るべき「義」とは

興行も千穐楽《せんしゅうらく》近くなると、役者がふざけて笑っているようなことがありますが、私は決してそんな真似はいたしません。全国各地、遠方からのお客さまが今日の客席にもいらっしゃるんです。そのご遠方のお客さまは二度とお見えにならないかもしれない。なのに、名のある役者がふざけている姿をお見せするのは本当に残念です。これは役者の心得るべき「義」であると、一座の者には指導しています。

――**金子吉左衛門《きちざえもん》**（?―一七二八）

ここで一言!

歌舞伎では千「穐」楽と書きます。江戸時代は火事が恐ろしく「秋」の「火」という字を嫌い、めでたい「亀」を用いたのです。

勉強は深さが大事

勉強がすくないとかどうだとかって、みんなよく一口に言いますが、勉強しないで舞台へ出る役者は一人もいないと思うの。ただ、勉強が深いか浅いかの違いが決定的なんだ。一回勉強して、どうにかできて、それでいいとなっちゃうからいけないんですよ。それを重ねていかなければいけないということです。掘り下げが浅いから、舞台へ出てくるものが薄い。そこをやっぱり若い人たちは心に留めるべきだと思うんですよ。それこそ、セリフ一言いうときにも、そこのセリフのなかのたった一字の高いか低いかの発声法だけでも、そのセリフが生きるか生きないかということがありますからね。それでいろいろと考えて考えて、そこのなかの一番いいものを出さなければいけないのに、失礼だけど、いまの若手はその勉強が浅いと言うんです。その役柄、その言い方、声の緩急。高低で役が出てくる。

——六代目中村歌右衛門《うたえもん》（一九一七—二〇〇一）

ここで一言！

現代人が江戸のひとを演じるからこそ細部までこだわらないと、どんどん崩れていってしまう危機感を俳優は感じているのでしょう。

発声法
ここでは声の出し方の意。

できないとは思ってはいけない

（六代目尾上菊五郎《きくごろう》より）「この次やってもまだこうはいかないだろうが、心に留めておけよ。今度はうまくいくと思ったら大間違いだぞ。それが分かるか」と言うから、「分かります。六回目ぐらいにならないとそうはいかないと思います」と答えたら「そうか、でもできないだろうと思ってやったら駄目だぞ。やろうやろうと思って、そこへ到達しないいんだったらいいけれどどな」と一生懸命に言ってくれたんです。

——**七代目中村芝翫《しかん》**（一九二八—二〇一一）

ここで一言！

芝翫は早世した五代目中村福助の子ですが、六代目尾上菊五郎に可愛がられ、終生にわたり「芝のおやじ」と尊敬し続けていました。

試されるから覚えられる

市村座《いちむらざ》時代には、いっぱい古老がいました。その中に六代目（尾上菊五《きくご》郎《ろう》）や彦三郎《ひこさぶろう》（六代目）についていた留《とめ》じいという人がいましたが、この人など大変古いことをよく知っていて、キセルや手拭《てぬぐい》を沢山持ち出してきて、「さあ、こんなかから今度の役で使うのをお取りなさい」という。こっちが選んで「これにする」といいますと、ニヤニヤ笑って、「旦那、違いますよ、この役のときは、こっちでなきゃあいけません」と教えてくれるんです。実地教育ですわね。これですと、どうしても頭に入ってきます。

——八代目坂東三津五郎《みつごろう》（一九〇六—一九七五）

キセル
長い棒状の喫煙具。

ここで一言！

市村座というのは明治時代に現在の台東区にあった劇場。ここで若き六代目尾上菊五郎と初代中村吉右衛門は互いに切磋琢磨して人気と実力を身につけていきました。

他の俳優の邪魔をしない

［弟子への教訓（抜粋）］

◉舞台では他の俳優の邪魔にならないように芝居をすること。

◉相手の俳優の呼吸をよく感じ取って、自分ばかりでなく、相手役にもしっかりと芝居をさせること。

◉あまり受け狙いをして、何度もお客をワーっと言わせてしまうと、肝腎の見せ場が引き立たなくなる。

◉人の芝居をよく見ること。また、古い型の話を教えてもらうこと。

◉自分の演目に子役が必要な時は、他の俳優の子供を使う。そうすれば、他の俳優が自分の子供を引き立ててくれる。

◉自分の子供だからと言ってむやみに良い役をさせるのはかえってためにならない。

――七代目市川團蔵《だんぞう》（一八三六―一九一一）

ここで一言！

若い頃に苦労した七代目市川團蔵ならではの処世術であり、また大切な舞台行儀に関する話になっています。

師匠は刈り込むのが仕事

「うまくやらなきゃ」「間違えちゃいけないんだ」という意識が先に立って内向的になってしまった。師匠（二代目市川猿翁《えんおう》）は「伸びろ伸びろ」と言っていました。「君たちが伸びてくれなきゃ盆栽のように刈り込めない。カットするのがわれわれの仕事なんだから」というわけです。

――市川右近《うこん》

ここで一言!

二代目市川猿翁は多くの若手や研修生を大きな役に抜擢しながら鍛え上げてきたことでも有名です。こうした若手たちが育ち、今の猿之助一門の重要な役目を負っています。

最適な教育を与える

親父（七代目松本幸四郎《こうしろう》）はそれほど考えて色々やってくれましたが、直接僕らに対しては「ああしろ」「こうしろ」と言ったことはないんです。もっと大きな意味で線路を敷いてくれましてね。教育ということに関してスケールが大きかったんです。自分から見れば後輩ですよネ。その後輩にせがれをあずける、これは一番出来ないことだと思いましてね。やっぱり役者にも主張があります。ですから……十以上も違う後輩へ自分の子供をあずける、これは出来ないことですよ。

——二代目尾上松緑《しょうろく》（一九一三—一九八九）

ここで一言!

七代目松本幸四郎は次男の初代松本白鸚を初代中村吉右衛門、三男の二代目尾上松緑を六代目尾上菊五郎と、二人の後輩にそれぞれ預けて修業させたのです。

修業講

修業講
勉強会のこと。

私の父、四代目團十郎は芝居が終わって家に帰っても、芸のことばかりを考えている人でした。若手の役者を集めて「修行講《しゅぎょうこう》」と名付けた会を開いて、何の役が来た時はどうする。この役はどんな思い入れがあろうか、と互いに工夫や考えを論じ合っておりましたから、皆が「上手」の名誉を手に入れられたのです。

——**五代目市川團十郎《だんじゅうろう》**（一七四一—一八〇六）

ここで一言!

この「修行講」の話は有名で、この時話し合われた工夫のいくつかは、現代まで残っているそうです。

才能より修行

役者には「上手《じょうず》、中手《ちゅうず》、下手《へた》」と三つあってね。上手となると、これは天賦《てんぷ》の才がないと辿り着くのは難しい。だが、下手であっても修行さえしっかりと積めば中手には行けるんだ。

そもそも上手になる人ってのは大して役がつく前から、間《ま》の取り方、セリフ回し、身のこなしを見ても「あ、これぁ違うぞ」というのがわかるものさ。ただね、上手の才能ある者が修行を怠ってしまうと、これはもう悪い方に拗れるだけ拗れて、ついには中手にすらなれずに終わってしまうものなんだよ。

——**初代中村七三郎《しちさぶろう》**（一六六二—一七〇八）

ここで一言！

初代中村七三郎は初代市川團十郎と並んで元禄の江戸を代表する名優と言われます。和事の本場、京都で初代坂田藤十郎をしのぐ人気をとったことすらあったそうです。

身体条件は気にならなくなる

若いうちは背が高いとか手足が大きいのがやたら目立つことがありますよ。それが気にならなくなるのは、体に幅ができてくるからでしょうね。そして芸を積み重ねていきますと、そんな欠点は消えていきます。自分は手が大きいからなんて縮こまってやっているうちは駄目でしょうね。

――六代目中村歌右衛門《うたえもん》（一九一七―二〇〇一）

ここで一言！

ある程度の身体的条件は考えることになるでしょうが、肝腎なのは芸の大きさだという話なのでしょう。

持味を生かして育てる

一応その役によって手順というもの、またある程度の動きというものがございますね。それをまず会得させることは必要でしょうが、個人個人のその人でなければならない個性がありますから、そうした持味が生かせるように、少し幅をもって導いたほうがよろしいと思います。なにがなんでも一挙一動自分の思うようにさせようとする方もありますが、そのほうがかえって難しゅうございます。

――**六代目中村歌右衛門**《うたえもん》（一九一七―二〇〇一）

ここで一言！

六代目中村歌右衛門はまた「達者な器用な役者」ではなく、大舞台で演じるにふさわしい格を持った役者になってほしいとも言っています。

気安く接してもらえれば

ひとかどの役者にもなれたとしても、付き人など連れずに、自分で下駄を提げて歩くくらいがいいんです。気安く接してもらえるようにしておけば、舞台の善し悪しを人が知らせてくれるでしょう。

——**初代澤村宗十郎《そうじゅうろう》**（一六八五—一七五六）

付き人
身の回りの世話をする者。

ここで一言!

初代澤村宗十郎は、苦労した時代を隠そうとせず、人前でも礼儀正しく恩人には「今あるのはこの方のおかげだ」と言っていたという記録が残っています。

出来ることをひけらかさない

舞台の細かいことに関して毎日、私に助言をしてくれたのは、父の弟子の坂東弥五郎《やごろう》と坂東田門《たもん》の二人でした。（中略）そして弥五郎さんと田門さんから「役者には丸みや膨らみ、大きさや品格が大事だ」ということ、そして「形が出来たからといって、その形をお客様に見せるようなことをしてはならない。声が出るからといって声を聞かせてはいけない。ぎすぎすした技術を披露してはいけない」「毛筆には滲みやかすれがあるように、役者もまたそうでなければならない」ということをよく言ってくれました。

――五代目坂東玉三郎《たまさぶろう》

ここで一言!

五代目坂東玉三郎は一般家庭の出身で、ここまでの道程は厳しいものだったと思われますが「苦労と思ったことはない」と振り返っています。教えを素直に守ってきた人の言葉として重みがあります。

成功に囚われないように

「三度も続けて当りをとってしまうと、その役者は腕が落ちるものよ」と若手には教えています。どうしてもうまくいった時のやり方にとらわれてしまうし、そうなると芝居から新鮮さが失われてしまいますからね。

――初代芳沢あやめ（一六七三―一七二九）

ここで一言！

「役者を殺すに刃物はいらぬ。褒めてばかりいればよい」という言葉がありますが、そこにも通じる話だと言えそうです。

良い役者は自分なりの理想がある

歌舞伎における正統とは、心がけの問題で、江戸時代以来、芸の上での卑《いや》しさを嫌い、小手先の芸でお客を褒めさせることを賤《いや》しむ心、それを生涯の心として、先輩の残したものを正しく評価して伝承する、そのため昔から良い役者は、良い知己を求め、めいめい自分なりに指導理論とか、理想を持っていた。

――八代目坂東三津五郎《みつごろう》（一九〇六―一九七五）

ここで一言！

江戸の生活が遠のき始めた明治の團菊以降「正統な伝承」というのが大きな課題となってきました。特に関東大震災で江戸の街並みが完全に失われたのが痛手だということです。

形の意味を教える

「お師匠さん、月はどこにあるのです」と聞くと、月はここにあるのです、私の指をよくご覧なさいと教えてくれます。これまでは誰でもすることなのですが、弟子としては師匠の指から遥《はる》かに離れた「月」の本体を見定めることができない。そこまで目が届かないのです。これを一層わかりやすく言えば、弟子はお師匠さんの指ばかり見ていて、指から離れた「月」を会得しない。昔の教え方がそれであって、ただ習った形式だけを踊っていたのですから、単に教わった「間」を行ったり来たりしているわけでしたのを、今日では師匠の指から脱して「月」の本体を握って、踊りを自分のものにするだけ意味が深くなってきています。

――六代目尾上菊五郎《きくごろう》（一八八五―一九四九）

ここで一言！

歌舞伎舞踊は「当て振り」といって、歌の詞章に合わせた振り付けが多く、上手な踊り手であれば、その振りを見ているうちに何を歌っているのかが明快に聞こえてきます。

ふだんと同じにする

これは人様のことですが、ある役者がじっとしている役で、手の置き場に困ってどうしたら良いかと聞きに来たことがあります。で、ふだんと同じところに置いてご覧といってやりました。手だけを特別に考えるから迷ってしまうのです。とはいうものの、第三者が見たり聞いたりすると馬鹿げたことでも、自分では盲点《もうてん》にはいってしまい、まったくわからなくなってしまうものです。

――**三代目尾上多賀之丞《たがのじょう》**（一八八七―一九七八）

ここで一言！

「その人らしく見える」というのは歌舞伎でとても重視されますが、そのためには日頃の観察や修練の積み重ねが大切だとも読み取れます。

型には心がある

ですからね、絶対に〝心のない型〟から入ってはいけないということをよく教えられました。
「ここで、こう手を上げる」「そこで、刀をトントントンと板の上につく」というようなことは絶対させませんでした。歌舞伎というのは、ただ〝型〟なんだという役者さんもいらっしゃいますが、私は親父（十七代目中村勘《かん》三郎《ざぶろう》）に教わったことが正しいと思っていますね。
たとえばグラッとよろける場面があったとしましょうか。よろける。あぶない。姿勢が崩れる。だから手をつく。刀をついて支えようとする。それが〝型〟になるというのが勘三郎の〝型〟だったわけです。

——十八代目中村勘《かん》三郎《ざぶろう》（一九五五―二〇一二）

ここで一言！

十八代目中村勘三郎は古典について非常に詳しく、また先輩たちの芸にも通じていました。その基礎があるからこそ、こうした芸談を残せたのでしょう。

型と同時に精神を受け継ぐ

芝居を鋳型《いがた》にはめ込んだり、お手本をなぞってばかりいては本当の歌舞伎の楽しさは消えてしまうと思います。型を受け継ぐと同時に先人が心がけてきた「精神」をも受け継ぎ、次世代へ残していかなければなりません。

――十五代目片岡仁左衛門《にざえもん》

ここで一言！

テレビで見る歌舞伎がもう一つ響かないのは、カメラで切り取られた「部分」だからで、舞台はやはり生で見るものです。まして「型」を学ぶとなれば余計にテレビでは難しいでしょう。

型よりも性根を教える

師匠（九代目市川團十郎《だんじゅうろう》）は私たちに教えるのでも、菊五郎《きくごろう》（五代目）とは全く違って、先ず役の肚《はら》、性根、その場合等を教えて呑み込ませるのが主で、一通りの型も教えてはくれますが、舞台に出て不自由のない程度に止《とど》まったのです。ここはこうなければとコツだけ教えて、あとは自由に任せるのです。型が変わっても履き違えさえなければ、文句など言いません。「うん、今日のはいい工夫だった。明日からあれにきめよう」などと、逆に私達の工夫を採り入れて下すったりするという具合だったのです。

——七代目松本幸四郎《こうしろう》（一八七〇—一九四九）

ここで一言!

九代目市川團十郎も五代目尾上菊五郎も伝説的な名優ですが、役への取り組みは相当に違っていたようです。それでいて互いに認め合っていたところに歌舞伎の柔軟性が感じられます。

手本を示して教える

六代目（尾上菊五郎《きくごろう》）も当時はまだ四十代の終わりごろでしたから、教える時には自分で猿股《さるまた》一枚になってしまいましてね。こういう格好をするんだって、実際にやって見せるものですから、それはもう納得がいきますですね。口だけでやかましい人ではなく、それに付いてゆくのですから自然に会得できるわけです。ただ、非常に外面と内面ということを重視しまして、それをマッチさせることを大切に考え、「お前の役は何だ」とか「今やっている役はどういうつもりだ」ということから始まりまして、それによってどういう形になるかということになってゆきますから、よく理解できて充分に納得ができるわけです。

――**二代目尾上松緑《しょうろく》**（一九一三―一九八九）

猿股
股引（ももひき）のこと。

ここで一言！

彫刻家、平櫛田中（ひらくしでんちゅう）の六代目尾上菊五郎像が、現在の国立劇場のロビーにありますが、この製作の際も下着姿で身体の形を見せている記録写真が残っています。

舞台を見て自分で稽古をする

舞台を目で見て、耳で聞いて、自分で振りをして稽古しなければいけない。あをせい、こうせいといっても出来るものではない。歌舞伎というものは、そういうふうにして受け継がれていくんだ、と、私の師匠の先代鴈《がん》治郎《じろう》（初代）はよくいってました。

——**中村松若《しょうじゃく》**（一九〇六—一九七九）

ここで一言！

実の息子の二代目中村鴈治郎ですら、直接の指導はほとんど受けなかったために、必死に父親の芸を見て覚えたといいます。

いろいろな選択肢を教える

父（初代中村鴈治郎《がんじろう》）が、教わりにきた人に役を教える場合、

「わてはこのようにやる。けど、あんさんにはあんさんの考えも工夫もあるやろ。教えたとおりにやることはいらん。同じように演じては損な体つきの相違もあるよってに自由に演じたらええ」

と、一通りの型や手順は教授しても、それを忠実に守ることは必要ないと言っていました。ときには、

「私はこうやるが、他の人にも聞いてみたら、ええ型があるかもしれん」

とも言っていました。教わった通りに演じるのが、習った者の礼儀なのでしょうが、大阪はその点比較的柔軟性があるといいましょうか、自由です。これはつまり、座組みによって演出が変わってきても当然だということがあるのやないでしょうか。


――**二代目中村鴈治郎《がんじろう》**（一九〇二―一九八三）

座組み
公演に参加する俳優の顔ぶれのこと。

ここで一言！

十七代目中村勘三郎の逸話には、先輩のところへ教わりに行き「～の型を教わりたい」と後輩から頼み込むこともあったということです。

細部の意味を噛み締める

伝統とは、年を経ていく中で洗練され昇華されていく事が多いものです。ところが時としてそれが過剰になったり、肥大化してしまったり、あるいは、権威的になることで、退廃する事も起きてきます。退廃はやがて衰退へと繋がっていきます。最近そんな危機感を私は持っているのです。自戒の意味も込めて、伝統を守るために、細部の意味を再度噛み締めたいと思います。

――五代目坂東玉三郎《たまさぶろう》

ここで一言！

歴史的には、歌舞伎が現在の地位を獲得するに至った最大の功労者は九代目市川團十郎で、明治時代に天覧を実現させました。

声を出しきることを覚える

セリフは稽古のときには、思い切って、どなるような大きな声で練習しろといっています。稽古のときに、声を出しきることを覚えておいて、いざ本番というときには、これを抑えてしゃべる。セーブしてセリフを言うと、お客にもよく聞こえる。丁度よい声になるんですね。練習のときに、抑揚とかの技巧ばかりにとらわれて、小さな声でやっていたんでは、決して本番の役に立たない。

――五代目中村富十郎《とみじゅうろう》（一九二九―二〇一一）

ここで一言!

五代目中村富十郎は非常に滑舌がよく、明晰な通る声で、ときに音楽でも聞いているような心地になるほど素晴らしいセリフ術の持ち主でした。

台詞の間は切っても息を切るな

台詞の間《ま》に関しては「台詞の間は切っても、息を切るな」と教えてくれた。しかも、それも舞台の上で実際に教えてくれたのだ。何の舞台だったかは、詳しいことは忘れたが、ある芝居で、私は父（十七代目中村勘三郎《かんざぶろう》）と共演した。父の台詞が終わって、私の三行の台詞を言う場面だった。一行目と二行目の「間」、二行目と三行目の「間」。この「間」のとり方を父自身の息で教えてくれたのだ。

たとえば、私が最初の一行を、「あっ、何が何してなんとやらぁ……」と言う。すると、隣りにいた父は、「スーッ」と息を吸い込む。これが長い。そして、息が切れた時、私が二行目の、「何が何してなんとやら」と言うと、父が「ハーッ」と息を吐く。そして、父の息が聞こえなくなったなと思ったら、最後の、「何がなにして、あっ、なんとやらぁ……」と言うのだ。

この日、まさに、台詞と台詞の「間」のとり方を実地に教えてくれたのである。

——十八代目中村勘三郎《かんざぶろう》（一九五五—二〇一二）

ここで一言！

二〇一四年十月、二代目中村七之助によると、五代目坂東玉三郎が全く同じように間の取り方の指導をしてくれたとのことです。

日常会話も練習

お芝居で、セリフが明瞭でなかったら、その芝居はゼロにひとしい。ですから私の弟子たちに、普段の日常会話のときでも、しっかり相手に通じるように話せ、特に語尾まではっきり言うようにくせをつけろ、といっているんです。（中略）例え、内緒ばなしでも、形は内緒ばなしをしているように見えても、その内容はお客に聞こえなければいけない。十のものが、十まで相手にわかるように言う練習をしろといっているんです。

——**五代目中村富十郎《とみじゅうろう》**（一九二九—二〇一一）

ここで一言！

五代目中村富十郎は踊りについても名手でした。身体は決して大きくありませんでしたが、舞台では非常に大きく見えたのは肉体の鍛錬がもたらしたものだったのでしょう。

台詞一つにも実感を込める

（十一代目片岡仁左衛門《にざえもん》が）一番やかましく言ったのは、本当の気持で役になりきるということですね。つまり台詞一つ言うにしても、実感があらわれていなければいけないというのです。例えば「ああ、痛い」と言う場合、五代目（尾上菊五郎《きくごろう》）さんは気に入らないと「ちょっとおいで」と相手を呼んで、いきなりパッと腕をひねる。思わず「痛い」と叫ぶと、「その声を覚えなさい」と言ったというような話をよくしましたよ。

——十三代目片岡仁左衛門《にざえもん》（一九〇三―一九九四）

ここで一言！

十一代目片岡仁左衛門は十三代目片岡仁左衛門の実父。本名を片岡秀太郎といい、この名前を現在の二代目片岡秀太郎が俳優の名前として継いでいるのです。

気持をこめて教える

その当時、芝居が閉まって九時四十分ごろに打ち出して、お宅へ伺うと十時過ぎますわね。（中略）稽古が始まるのは一時ごろでしょ。午前四時ごろになっちゃうんですよ、済むのが。それが毎日ですもの。それを丁寧に稽古をしてくだすって、帰るときには、私だったら、「ああ、ご苦労。また明日おいで」と言って、そこへ座って「さいなら」でしょ。おじさん（七代目松本幸四郎《こうしろう》）は必ず私を玄関まで送りだした人です。偉い人です。その心構えというか、その気持ねぇ。そういう人でしたね。

——十三代目片岡仁左衛門《にざえもん》（一九〇三—一九九四）

打ち出し
終演の意。

ここで一言!

七代目松本幸四郎は誠実で、高齢になって「勧進帳」の弁慶を演じた時も「初めて幸四郎の弁慶をご覧になる方もいる」と一切気を抜くことがなかったそうです。

とにかくやるだけやってみろ

わたくしのなかには相矛盾《あいむじゅん》した考え方があるんです。たしかに「おまえ、それは市川家の格じゃないよ」といいたい部分もございます。でも一方で「とにかくやるだけやってみろ。それから文句をいわれたほうがいい」と思うんです。そのうえで何か違っているところがあるなら指摘すればいいと考えております。たしかに難しいところですが。

――十二代目市川團十郎《だんじゅうろう》（一九四六―二〇一三）

ここで一言！

十二代目市川團十郎は「どんなに革新的に見えても実は九八パーセントは昔からやられていたことだろうが、残り二パーセントがいかに大変か」と書き残しています。

月へ届くのはお前たち自身だ

六代目（尾上菊五郎《きくごろう》）が口癖のように言ったのは、「あそこにお月様があるだろう。あそこにはお月様があるぜというまではオレは教えてやれる。けどこの指さした先から月へ届くのはお前たち自分(原文ママ)だね」と。（中略）これはよく言われたんですよ。「そこまでは教えてあげる。それから先はいくら言ったって、ダメなものはダメなんだし、届く者は自分の力で月に届くんだ」と。

——**二代目尾上松緑《しょうろく》**（一九一三—一九八九）

ここで一言！

六代目尾上菊五郎は、後継者育成のために「日本俳優学校」を創設したことがあります。この事業は失敗に終わりましたが、それだけ後継者の育成には心を砕いていたのでしょう。

歌舞伎は滅びない

私は歌舞伎は絶対に滅びないと思っている。どう変わっていくか、先のことはちょっとわからない。だけれども、やはり、いいものは若い人が受け継いで、それを生かして、みんな個人個人がよくなってくだされば、私ね、歌舞伎というものは絶対に滅びる演劇ではないと思います。だって、日本だけにしかない演劇なんですから。

――六代目中村歌右衛門《うたえもん》（一九一七―二〇〇一）

ここで一言！

明治の團菊、昭和の菊吉、その後も名優と呼ばれる人が亡くなるたびに歌舞伎は危機を叫ばれてきましたが、時代ごとにそれを支える名優が現れてきたのです。

おわりに

「あなたたち大向《おおむこ》うが気持ちのいい間《ま》と、役者が気持ちのいい間《ま》が同じとは限らないよ」

二〇〇六年、「コクーン歌舞伎　四谷怪談」の千穐楽の夜。十八代目中村勘三郎さんから言われた言葉です。「大向う」とは歌舞伎独自の客席文化で、舞台の俳優に向かい客席の最後方（＝大向う）から屋号などの掛け声で声援を送る、いわば歌舞伎のサポーターのようなものです。勘三郎さんの言葉はその掛け声についての指摘でした。

ハッと目の覚める思いでした。大切なのは俳優が最高のパフォーマンスを発揮できること。声援する者が主人公になろうとしてはいけない。頭ではわかっているつもりでした。しかし、それができていただろうか、と。もし勘三郎さんが目先の結果を求めたなら「ここで声を掛けて」と指示すれば簡単です。私にヒントを与え、深く大向うについて考えるチャンスをくださったのは「人を育てる」という深い思いがあったからに違いありません。

歌舞伎俳優の芸談をもっと広く一般の人に紹介したいと考えたのは、これがきっかけでした。名優の言葉は歌舞伎俳優の勉強や、一部の歌舞伎ファンだけの楽しみではなく、混迷の時代にあって日々悩み、乗り越えて行こうとする私たちにとっても金言足り得ると確信したのです。

事実、今回多くの芸談を通じ、私はあまたの名優たちと出会いました。彼らの言葉は、まるで今発せられたかのごとく私の胸に響き、勘三郎さんの言葉と同様の驚きを何度も味わったのです。過去の名優と私たちは、決して遠く離れた点と点ではなく、同じ時の流れの中で繋がっていました。それは、彼らもまた私たちと同じように悩み、必死に生きたのだという息遣いが感じられたからかもしれません。「伝統は今の私たちとは縁遠いもの」という考えは思い込みにすぎないと、改めて気付くことができたのです。

あなたもきっと、四百年にわたって積み重ねられてきた歌舞伎俳優の叡智と生き様をリアルに感じられたことと思います。おそらく「伝統」とは、このように多くの先人たちの生き様に触れ、感動し、それを伝えていきたいと願う心のことなのです。私はこれからも、そうやって伝統を守り育てていく俳優の皆さんに、大向うとして客席からエールを送り続けます。

おわりに、素晴らしい言葉を残した歴代の名優、そして今も歌舞伎を支える多くの俳優さんたちに心から感謝いたします。ありがとうございます。

二〇一四年十二月

堀越一寿

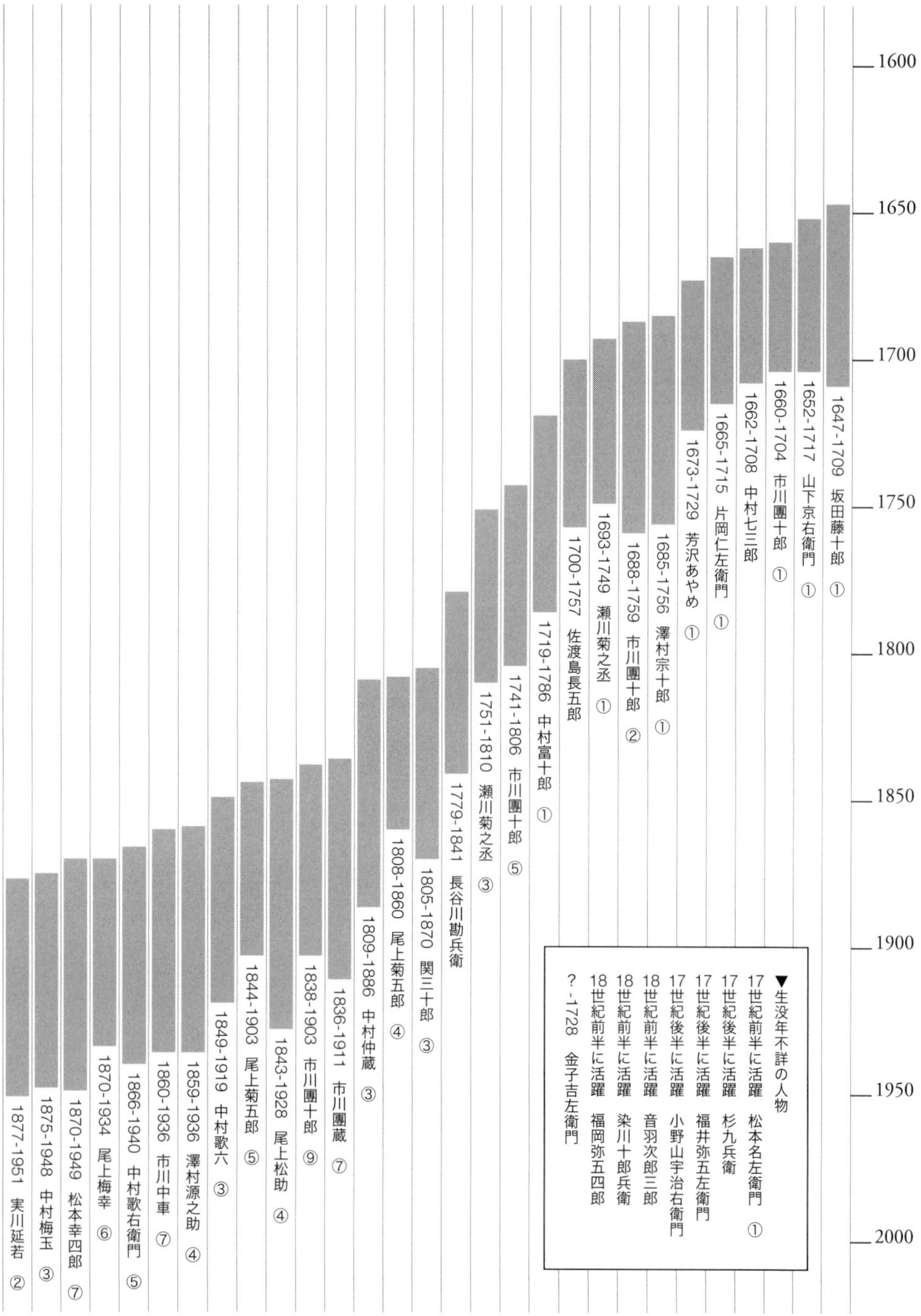
1600
1650
1700
1750
1800
1850
1900
1950
2000
1647-1709 坂田藤十郎 ①
1652-1717 山下京右衛門 ①
1660-1704 市川團十郎 ①
1662-1708 中村七三郎
1665-1715 片岡仁左衛門 ①
1673-1729 芳沢あやめ ①
1685-1756 澤村宗十郎 ①
1688-1759 市川團十郎 ②
1693-1749 瀬川菊之丞 ①
1700-1757 佐渡島長五郎
1719-1786 中村富十郎 ①
1741-1806 市川團十郎 ⑤
1751-1810 瀬川菊之丞 ③
1779-1841 長谷川勘兵衛
1805-1870 関三十郎 ③
1808-1860 尾上菊五郎 ④
1809-1886 中村仲蔵 ③
1836-1911 市川團蔵 ⑦
1838-1903 市川團十郎 ⑨
1843-1928 尾上松助 ④
1844-1903 尾上菊五郎 ⑤
1849-1919 中村歌六 ③
1859-1936 澤村源之助 ④
1860-1936 市川中車 ⑦
1866-1940 中村歌右衛門 ⑤
1870-1934 尾上梅幸 ⑥
1870-1949 松本幸四郎 ⑦
1875-1948 中村梅玉 ③
1877-1951 実川延若 ②
▼生没年不詳の人物
17世紀前半に活躍 松本名左衛門 ①
17世紀後半に活躍 杉九兵衛
17世紀後半に活躍 福井弥五左衛門
17世紀後半に活躍 小野山宇治右衛門
18世紀前半に活躍 音羽次郎三郎
18世紀前半に活躍 染川十郎兵衛
18世紀前半に活躍 福岡弥五四郎
?-1728 金子吉左衛門

役者年表

丸数字は何代目かを示す

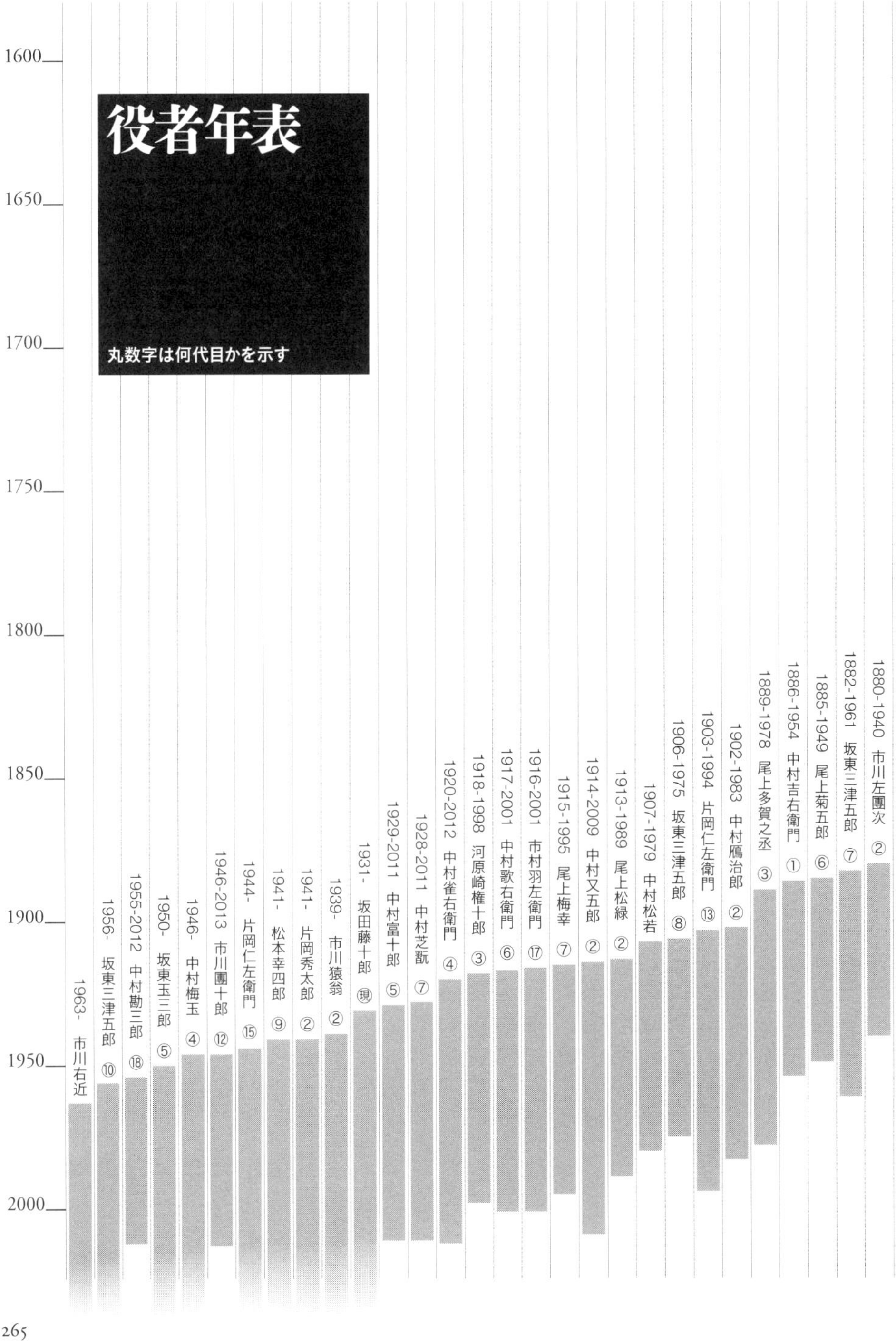
1600
1650
1700
1750
1800
1850
1900
1950
2000
1963- 市川右近
1956- 坂東三津五郎 ⑩
1955-2012 中村勘三郎 ⑱
1950- 坂東玉三郎 ⑤
1946- 中村梅玉 ④
1946-2013 市川團十郎 ⑫
1944- 片岡仁左衛門 ⑮
1941- 松本幸四郎 ⑨
1941- 片岡秀太郎 ②
1939- 市川猿翁 ②
1931- 坂田藤十郎 現
1929-2011 中村富十郎 ⑤
1928-2011 中村芝翫 ⑦
1920-2012 中村雀右衛門 ④
1918-1998 河原崎権十郎 ③
1917-2001 中村歌右衛門 ⑥
1916-2001 市村羽左衛門 ⑰
1915-1995 尾上梅幸 ⑦
1914-2009 中村又五郎 ②
1913-1989 尾上松緑 ②
1907-1979 中村松若
1906-1975 坂東三津五郎 ⑧
1903-1994 片岡仁左衛門 ⑬
1902-1983 中村鴈治郎 ②
1889-1978 尾上多賀之丞 ③
1886-1954 中村吉右衛門 ①
1885-1949 尾上菊五郎 ⑥
1882-1961 坂東三津五郎 ⑦
1880-1940 市川左團次 ②

主な使用・参考文献一覧（順不同）

『藝のこころ』藤尾真一著　三一書房　一九七七年
『鴈治郎の歳月』中村鴈治郎著　文化出版局　一九七二年
『役者馬鹿』中村鴈治郎著　日本経済新聞社　一九七四年
『役者七十年』片岡仁左衛門著　朝日新聞社　一九七六年
『とうざいとうざい　歌舞伎芸談西東』片岡仁左衛門著　自由書館　一九八四年
『戯場戯語』坂東三津五郎著　中央公論社　一九六八年
『歌舞伎　花と実』坂東三津五郎著　玉川大学出版部　一九七六年
『踊りの心』尾上松緑著　毎日新聞社　一九七一年
『松緑芸話』尾上松緑著　講談社　一九八九年
『役者の子は役者』尾上松緑著　日本経済新聞社　一九七六年
『私の出会えた名優たち』山川静夫著　演劇出版社　二〇〇七年
『ことばの民俗学　芝居』中村又五郎・佐貫百合人共著　創拓社　一九九〇年

『中村又五郎歌舞伎ばなし』郡司道子著　講談社　一九九五年
『梅と菊』尾上梅幸著　日本経済新聞社　一九七九年
『拍手は幕が下りてから』七代目尾上梅幸著　NTT出版　一九八九年
『十七代市村羽左衛門聞書』佐貫百合人編　日本放送出版協会　一九八三年
『現代の歌舞伎芸談』藤野義雄著　演劇出版社　一九九〇年
『歌右衛門の六十年―ひとつの昭和歌舞伎史―』中村歌右衛門・山川静夫共著　岩波新書　一九八六年
『紫扇まくあいばなし』河原崎権十郎著　演劇出版社　一九八七年
『女形無限』中村雀右衛門著　白水社　一九九八年
『芝翫芸模様』中村芝翫著・小玉祥子聞き書き　集英社　一九九七年
『演者の目』市川猿之助著　朝日新聞社　一九七六年
『上方のをんな　女方の芝居譚』片岡秀太郎著　アールズ出版　二〇一一年
『十五代目片岡仁左衛門　芸談』(写真集別冊)　片岡仁左衛門著　小学館　二〇〇九年
『團十郎の歌舞伎案内』市川團十郎著　PHP新書　二〇〇八年
『團十郎復活』市川團十郎著　文藝春秋　二〇一〇年
『坂東玉三郎　すべては舞台の美のために』(和楽ムック)　小学館　二〇〇九年
『勘九郎日記「か」の字』中村勘九郎著　集英社　二〇〇四年
『勘九郎とはずがたり』中村勘九郎著　集英社　一九九一年
『中村勘三郎、あったかい芝居小屋公演』(和楽一月号特別付録)　小学館　二〇〇七年
『坂東三津五郎　歌舞伎の愉しみ』坂東三津五郎著・長谷部浩編　岩波書店　二〇〇八年
『役者論語』守随憲治著　東京大学出版会　一九五四年
『続役者論語』守随憲治著　東京大学出版会　一九七三年

『人と芸談』馬場順著　演劇出版社　一九九九年
『一世一代』松本幸四郎著　右文社　一九四八年
『名優藝談』川尻清潭編　中央公論社　一九三六年
『藝』尾上菊五郎著　改造社　一九四七年
『芸道名言辞典』河竹繁俊編　東京堂出版　一九六九年
『名優芸談集』国立劇場調査養成部芸能調査室編　一九八二年
『十五代目片岡仁左衛門　芸談』片岡仁左衛門著　小学館　二〇〇九年
『女形の芸談』尾上梅幸著　演劇出版社　一九八八年
『中村勘三郎　楽屋ばなし』関容子著　文藝春秋　一九八五年
『小山三ひとり語り』中村小山三著　演劇出版社　二〇一三年
『手前味噌』三代目中村仲蔵著・郡司正勝校注　青蛙堂　一九六九年
『七世坂東三津五郎　舞踊藝話』利倉幸一編著　演劇出版社　一九七七年
『三津五郎藝談』井上甚之助編　和敬書店　一九四九年
『現代の歌舞伎芸談』　藤野義雄著　演劇出版社　一九九〇年
『女形無限』中村雀右衛門著　白水社　一九九八年
『夢を語る役者たち』横溝幸子著　演劇出版社　一九九八年
『歌舞伎逸話』法月歌客編　信正社　一九三七年
『名人松助藝談』邦枝完二著　興亜書院　一九四三年
『秀十郎夜話　―初代吉右衛門の黒衣―』千谷道雄著　冨山房百科文庫　一九九四年
『藝談』東京新聞社文化部編　東和社　一九五一年
『日本の芸談　歌舞伎1　菊五郎自伝(明治36年)』五世尾上菊五郎　九藝出版　一九八八年

『日本の芸談 歌舞伎1 鴈治郎自伝(昭和10年)』初世中村鴈治郎 九藝出版 一九八八年
『日本の芸談 歌舞伎1 青岳夜話(昭和12年)』四世澤村源之助 九藝出版 一九八八年
『松本幸四郎 私の履歴書』松本幸四郎著 日本経済新聞社 二〇一三年
『楽屋のれん』石山俊彦著 演劇出版社 二〇〇三年

索引（五十音順）

※（　）内の数字は何代目かを示す

堀越一寿（ほりこし・かずひさ）

歌舞伎大向弥生会・幹事。

1970年、東京生まれ。歌舞伎の観劇数は年間100日以上、通算2000回を超える。歌舞伎の舞台に掛け声で声援を送る「大向う」の一人。人気ウェブサイト「All About」にて歌舞伎鑑賞法をガイドするなど、歌舞伎の普及活動も行っている。

著書に『大向うとゆく平成歌舞伎見物』(PHPエル新書・ペンネームの樽屋壽助名義)がある。

歌舞伎四〇〇年の言葉

学ぶ・演じる・育てる

2015年1月25日　初版第1刷発行

著者――――――堀越一寿
発行者――――――相澤正夫
発行所――――――芸術新聞社
〒101-0051
東京都千代田区神田神保町2-2-34
千代田三信ビル
TEL　03-3263-1637
FAX　03-3263-1659
URL　http://www.gei-shin.co.jp

印刷・製本――――――シナノ印刷
デザイン――――――美柑和俊（MIKAN-DESIGN）

©Kazuhisa Horikoshi , 2015 Printed in Japan
ISBN 978-4-87586-429-5 C0074

乱丁・落丁本はお取り替えいたします。
本書の内容を無断で複写・転載することは
著作権法上の例外を除き、禁じられています。